杨绛传

吴玲 著

青岛出版集团 | 青岛出版社

图书在版编目（CIP）数据

杨绛传 / 吴玲著. -- 青岛 : 青岛出版社, 2025.
ISBN 978-7-5736-3264-7

Ⅰ. K825.6

中国国家版本馆CIP数据核字第2025HL4172号

YANG JIANG ZHUAN

书　　名　杨绛传
作　　者　吴　玲
出版发行　青岛出版社（青岛市崂山区海尔路182号）
本社网址　http://www.qdpub.com
邮购电话　18613853563
责任编辑　李文峰
特约编辑　侯晓辉
校　　对　邓　旭
装帧设计　书心瞬意
照　　排　梁　霞
印　　刷　鸿鹄（唐山）印务有限公司
出版日期　2025年6月第1版　2025年6月第1次印刷
开　　本　32开（880mm×1230mm）
印　　张　7
字　　数　162千
书　　号　ISBN 978-7-5736-3264-7
定　　价　42.00元

编校印装质量、盗版监督服务电话　4006532017　0532-68068050

序

世上无双

杨绛先生说：“我原是父母生命中的女儿，只为我出嫁了，就成了钱锺书生命中的杨绛。”

“杨绛”与“钱锺书”，五个字，两个人，拼凑成一个“我们”。后来，女儿钱瑗出生，又添了两个字，又添了一个人，变成“我们仨”。

今生相聚是今生的缘，如果还能有来生，但愿他们仨还能成为一家人。

按照杨绛先生自己的说法，她与钱锺书是“门不当，户不对”。钱锺书出生在旧式人家，讲究重男轻女，女儿固然是块宝，但与男儿相比，还是差了那么一截，对女儿的要求也只限于“知书达理”。但杨绛先生自己出生在新式人家，“男女并重”，无论男儿还是女儿，都一样对待，婚姻也好，职业也罢，皆是自己做主，旁人绝不会肆意干涉。

钱锺书先生的父亲认为自己的儿子有个大毛病，即“孩子气，没正经”。按照杨绛先生推断，他的父亲会为他娶一房“严肃的媳妇”，在她的管制下，他必然会成为体贴的丈夫和慈祥的父亲。虽在他父亲眼中，他的淘气、天真属于毛病，但在她看来，这是他最可贵之处。

正是因他淘气、天真，又有过人的智慧，才成就了如今的钱锺书，博学且风趣，读者喜爱的也恰恰是他的这股痴气。

幸运的是，钱锺书先生娶了杨绛先生做妻子，才得以保全自己的天真、淘气和痴气。但也不得不承认，想要保全他的天性免遭压迫，是极其不易的，而这个不易，说的并非他，而是她。

自从结为夫妻以来，杨绛先生便是他的守护者，或许这样说有损钱锺书先生高大的形象，但事实确是如此。婚后，他们结伴游学，在异国他乡的日子里，多半是她在照顾着他。生活琐碎他不在行，笨手笨脚的样子让人忍俊不禁，她便索性一并承担下来。

后因日寇侵华，苏州、无锡相继沦陷，杨绛先生与钱锺书先生决心回国，与祖国、亲人共存亡。杨家和钱家纷纷前往上海这座孤岛避难，夫妻二人回国后便与家人相守在一起。她做过各种工作，有大学教授、中学校长兼高中三年级的英语教师，还为阔家小姐补习功课，此外还创作喜剧、散文及小说，但不论哪一项工作，都只是暂时的，而她唯一一项终身不改的工作——“一生是钱锺书生命中的杨绛”。

杨绛先生坦言：“这是一项非常艰巨的工作，常使我感到人生实苦。但苦虽苦，也很有意思，钱锺书承认他婚姻美满，可见我的终身大事业很成功，虽然耗去了我不少心力体力，不算冤枉，钱锺书的天性，没受压迫，没受损伤，我保全了他的天真、淘气和痴气，这是不容易的。实话实说，我不仅对钱锺书个人，我对全世界所有喜读他作品的人，功莫大焉！”

她甘愿为他奉献一生，只有一个理由，她爱他，无怨无悔。

杨绛先生与钱锺书先生的婚姻，是一个证明彼此比想象中更爱彼此的过程，他/她是世上最无双。

目录

目录

目录

第五章
携手闯荡天涯

第六章
那个动荡的年代

目录

第九章
终是苦尽甘来

第十章
生命之火取暖

第一章 望断经世流年

唯有身份卑微的人，最有机缘看到世态人情的真相。一个人不想攀高就不怕下跌，也不用倾轧排挤，可以保其天真，成其自然，潜心一志完成自己能做的事。

杨绛传

有父如此

人生素来受纷纷扰扰裹挟前行，从最初的一点儿向外延展，横向无限，纵向却有限。人们渴求生命抵达极致的长度，往往忽视了它的广度、深度和高度。我们敬畏伟人，崇拜英雄，是因为他们活出了平凡人没有的姿态。

如同杨绛，她的血肉之躯有着超脱凡尘的洒脱，简单却不随意，成熟却不世故。百余年的生命历程中，杨绛未曾有片刻轻浮、狂躁。她这一生，才真正称得上是岁月静好。

无锡乃江南名城，自古便是富庶文明之地，风景秀丽，如诗如画。杨绛的祖辈择无锡而居，世代子孙在此繁衍生息。杨绛亦在这里出生，她有着江南女子的温婉可人，安静从容中又不失灵动。

我们想要追寻她的人生轨迹，不妨从她生命最初开始，跟随她的脚步，走一遍她曾走过的路，看一遍她曾看过的风景——或许“女神”这个称号，她当之无愧。

杨绛生于知识分子家庭，父母皆是饱读诗书之人。她自称“寒素人家”。杨绛的父亲名叫杨荫杭，字补塘，笔名老圃，又名虎头，以律师为业，在当地颇有名望。作为知识分子，他始终在为国家寻求富强和近代化的良方而努力，他不畏强权的包公形象，更是令人肃然起敬。

1895 年，他考入北洋大学堂，又称天津中西学堂，是北洋大学、天津大学的前身。他刻苦勤勉，从不落于人后，却未能顺利毕业，直接被学校除名，只得转入南洋公学。我们了解前因后，反而会敬佩他。

当时，部分学生为了伙食大闹学潮，掌有大权的洋人赶紧出来镇压，为防事态扩大，洋人说闹风潮的一律开除。一个带头大闹学潮的广东学生就这样被开除了。洋人说，谁跟着闹风潮也一起开除。剩下的人全安静下来，不发一言。

杨荫杭眼见参与者因畏惧而缩着脑袋，一时气恼，便挺身而出，大声说道："还有我！"结果可想而知，原本不关他的事，他却同那个广东同学一起被开除了，整件事就这样收尾了。虽然结局对他不利，但他刚正不阿的性格一览无余。有父如此，杨绛的率直、坦荡便可知源于何处。

上海南洋公学，由巨贾盛宣怀创办，同样是公费学校。杨荫杭转入南洋公学两年后，学校选拔六名优秀学子赴日留学，他亦位列其中。学子们初到日本，亟待解决语言障碍，他们先在日本文部省特设的日华学校补习语言，随后杨荫杭进入早稻田大学（当时称东京专门学校）学习。

1900 年春，杨荫杭同其他留日学生一道组建励志会，并于下半年与杨廷栋、雷奋等一起创办了《译书汇编》，译载欧美政法方面的名著，如法国学者孟德斯鸠的《万法精义》和卢梭的《民约论》以及英国学者穆勒的《自由原论》等书。这是当时留日学生自办的一份杂志，他们以清丽流畅的译笔传播进步思想与言论，产生了广泛的影响。

1901年夏，正值暑假期间，杨荫杭借回乡探亲的机会，在家乡无锡聚集志同道合的同志，创办励志学会，借讲授新知识之机，宣传革命思想。励志学会堪称当时江苏省的革命小团体，新思想、新理念由此慢慢传播开来。1902年，杨荫杭从日本早稻田大学本科毕业。回国后，他与雷奋、杨廷栋一同被派往北京译书馆（其前身为“北京同文馆”）从事编译工作。1903年，因经费不足，北京译书馆停办，杨荫杭返回家乡，和留日学生蔡文森、顾树屏在无锡又创办了“理化研究会”，提倡研究理化并学习英语。

杨荫杭的种种行为，皆非一般书生文人所能及。他有思想，有魄力，凡事敢于尝试。回乡之后，杨荫杭意气风发。虽然工作忙碌繁重，他却似乎不知疲倦，不仅要打理理化研究会的大小事务，还担任上海《时事新报》《苏报》《大陆月刊》的编辑及撰稿人，并执教于中国公学、澄衷学校、务本女塾等校。杨荫杭身兼数职，一人分饰多重角色，精力充沛，对每一项工作倾尽心血。

封建势力尚未垮台，杨荫杭所付出的每一分努力，都是为了促成反清革命的胜利。握有实权的保守派，怎会任由站在其对立面的杨荫杭拆台？于是清廷全力对他实施追捕。

杨绛对当时的情景记忆犹新，据她回忆：“听说他暑假回无锡，在俟实中学公开鼓吹革命，又拒绝对祠堂里的祖先叩头，同族某某等曾要驱逐他出族。我记得父亲笑着讲无锡乡绅——驻意大利钦差许珏曾愤然说：‘此人（指我父亲）该枪毙。’反正他的‘革命邪说’招致清廷通缉。于是我父亲筹借了一笔款子（一半由我外祖父借助），一九〇六年初，他再度出国留学。”

闹革命是需要本钱的，最重要的就是得好好活着，杨荫杭选择留学以保存实力。他再次来到日本早稻田大学研究科，于 1907 年 7 月顺利获得法学学士学位，毕业后即奔赴美国宾夕法尼亚大学。

对父亲的学位和论文，杨绛从未听他说起过，直到偶然间她发现了父亲在美国宾夕法尼亚大学 1909 年至 1910 年的注册证，才知晓父亲的这段往事。后来，丈夫钱锺书告诉杨绛，她父亲的硕士论文收于美国宾夕法尼亚大学法学丛书第一辑，书名是《日本商法》(*Commercial Code of Japan*)。

杨绛对父亲的几份论文有些印象，父亲归国途中曾前往欧洲的一些国家游历，论文便是他那时带回来的。她好奇丈夫怎么会这般清楚，钱锺书答道："我看见的——爸爸书房里的书橱最高层，一本红皮书。我还问过爸爸，他说是他的硕士论文——现在当然找不到了。"

得知此事后，杨绛自然不会错过拜读父亲的文章的机会。她特意给在美国宾夕法尼亚大学的朋友李又安教授写信，拜托李又安教授帮忙找一下父亲的论文。不久，李又安教授回信，肯定了论文的存在，并表示，此文在法学图书馆，并不难找。李又安教授复制了书的封面和一篇卢易士教授写的序文一并寄给杨绛。

杨荫杭的《日本商法》全书共 319 页，于 1911 年出版问世，这一年他早已离校。这本书大概内容是"把日本商法和它所依据的德国商法以及它所采用的欧洲大陆系统的商法做比较，指出特殊的地方是为了适合日本的国情，由比较中阐明一般商法的精神"。

卢易士正是当时的法学院院长，在由他执笔的序文中，他对这本书称赞有加。卢易士写道："(他的英文) 虽然完全正确，却有好些别致的说法；而细读之下，可以看出作者能用最简洁的文字，把日本商法的原意，确切地表达出来。"虽并非激励赞扬之词，杨绛读罢却倍感亲切，或许父亲将某些中国元素注入其中了吧，这本书才会如此与众不同。

父亲曾向杨绛谈过“革命派”和“立宪派”的利弊得失。对于当时的高中生杨绛而言，“革命派”也好，“立宪派”也罢，皆是晦涩难懂的词语，那似乎是大人的世界，不是她一个高中生所能领悟的。

尽管父亲一词一句讲得十分仔细，杨绛听完仍是一头雾水，随即就忘了，唯一给她留下印象的便是父亲对“立宪派”更为支持，他认为“改朝换代，换汤不换药”，与其彻底革命，倒不如温和改良来得有效果。最终，父亲的立宪梦也没能实现。

对腐败之风盛行，杨绛的父亲在文章《说俭》中疾呼：“奢靡是君主政体、贵族政体的精神追求。而共和之精神，则力求俭朴，‘孟德斯鸠论共和国民之道德，三致意于俭，非故作老生常谈也’……决不能‘生活程度高而人格卑’！社会风气奢靡，会直接加剧贪污腐败、以权谋私的歪风邪气！”如今读来，他大义凛然之姿犹在眼前。

当众人还停留在如何养家糊口，如何延续香火的层面时，杨绛的父亲已经开始思索国家民族的新出路。有如此先进开明的父亲，杨绛注定不会是凡夫俗子。

缱绻幸福

不幸的家庭各有其不幸，但美满的家庭大多雷同。我生自普通家庭，父母在平凡的工作岗位上默默耕耘，他们同众多父母一样，常把别人家的孩子如何优秀挂在嘴边。

我的父母有着中国式父母惯有的优缺点。只是，在平凡的父亲与母亲那里，我得到的爱足以撑得起“伟大”两个字。如若说，父母给予我最宝贵的东西是什么，我反复思量，大概是温柔待世的心。

我幼年时，年轻的父亲与母亲总是吵架，你一言我一语，互不相让，但君子动口不动手，而且他们绝不谩骂对方。我越发成熟时，他们似乎也在成长，不再为了鸡毛蒜皮的事争个面红耳赤。大事商量，小事包容，这是他们的原则。

在他们那个年代，旧式的包办婚姻早已销声匿迹，流行自由恋爱，但依旧以媒人介绍为主。我的父母则是彻头彻尾的自由恋爱，浓情蜜意不逊色于如今的年轻人。如今，我已到谈婚论嫁的年纪，作为老夫老妻的他们，除了亲情，仍旧留有爱情。父母的婚姻生活极大地影响着我情感世界的构建，可以说，我在和和美美的氛围中长大，享有丰沛的爱，所以懂得如何去爱人。

杨绛父母的相处模式与我父母的相处方式如此相似，满满的都是爱，脉脉温情分外亲切。

杨绛的母亲名叫唐须嫈，无锡人，与丈夫杨荫杭同年。唐须嫈性格温婉，有着南方女子的妩媚多姿，讲起话来柔声细语，做事稳重，叫人非常安心。唐须嫈曾就读于务本女塾，这是上海著名的女子中学，正是在这里，唐须嫈与杨绛的三姑母杨荫榆以及章太炎的太太汤国梨结识。

1898 年，唐须嫈与杨荫杭完婚，为人妻后，她便不愿再抛头露面，全身心投入家庭中，一心一意相夫教子，操持家务，愉快地做着贤妻良母。今生今世，一个人若能于茫茫人海中寻得与自己相契合的人，并甘愿为这个人洗手做羹汤，也是莫大的福分。

闲暇之时，唐须嫈会捧起一本书，细细读着，她对《缀白裘》情有独钟，她的情绪会随着书中的情节而起伏，或悲或喜，或哭或笑。此外，《石头记》《聊斋志异》等经典小说，也是唐须嫈的心头好，加上时兴的新体小说，她的阅读范围很广，并不会拘泥于一处。

让杨绛印象深刻的是，有一次母亲读过绿漪女士写的《绿天》，对杨绛说："这个人也学着苏梅的调儿。"实际上，作者当时用的是笔名，母亲能透过文字读出其中的韵味，着实令人佩服。

空闲的时间有限，母亲总有忙不完的家务，但还是会尽量腾出时间，陪孩子们玩耍一阵。母亲会教孩子们轻快的歌谣，细声慢语，几十载过后，这些歌谣仍停留在杨绛的记忆深处，杨绛每每哼起熟悉的旋律，心头都会涌出暖意。

杨绛曾说："我们姐妹个个都对自己的丈夫很好，但我们都不如母亲对父亲那样细致耐心。”母亲有每晚记账的习惯，但时常会遗忘一些支出，苦思冥想之际，父亲便会夺过笔，直接写上“糊涂账”，让她少费些心思。虽会有记不起来的情况发生，但母亲每月都会按时给无锡大家庭的人寄去家用，从未遗漏。

在杨绛的记忆中，父母宛如老朋友一般，从未有吵架的时候，在她想来，旧式夫妇不吵架的也常有，那是因为夫妻间的共同语言不多，女方将委屈落寞埋在心里，所以才换来风平浪静。

杨绛的父母却与此不同，不吵架不代表母亲一味忍让。父母结婚时，父亲还在读书，从他们的谈话中，杨绛往往能够捕捉父亲学生时代的旧事。有意思的是，杨绛的父母鲜有提名道姓的时候，往往是使用诨名，而且常引用当时的趣事做典故。夫妻俩聊得不亦乐乎，孩子们听得热闹，却不准发问，父母常说“大人说话呢，老小（无锡土话，指小孩子）别插嘴”，孩子们只好乖乖在一旁，默默听着。

这些童年旧事在杨绛的心中留下了深深浅浅的印记，她回忆道：“他们谈的话真多，过去的，当前的，有关自己的，有关亲戚朋友的，可笑的，可恨的，可气的……他们有时嘲笑，有时感慨，有时自我检讨，有时总结经验。两人一生中长河一般的对话，听来好像阅读拉布吕耶尔的《人性与世态》。他们的话时断时续，我当时听了也不甚经心。我的领会，是由多年不经心的一知半解积累而得。我父亲辞官后做了律师。他把每一件受理的案子都详细向我母亲叙述：为什么事，牵涉什么人等。他们一起分析，一起议论。那些案件，都可补充《人性与世态》作为生动的例证。”

父与母是天与地，在当时的大背景下，父母习惯于“专制”教育。夫妻的地位并不对等，男人永远是发号施令的那一个，女人则言听计从，但凡吵架经常是女人处于下风，如此家庭氛围远不及杨绛家和谐美满，其他父母也不及她的父母开明大度。

良好的家庭环境，让杨绛受益无穷。

1911 年 7 月 17 日，杨绛出生于北京，本名杨季康，阿季是家人对她的昵称，为人们所熟知的杨绛，实则她的笔名。

虽然院子是租来的，却充满欢声笑语，能让人感受到幸福。杨家有八个孩子，杨绛排行老四，上有三个姐姐，下有两个弟弟和两个妹妹。杨绛的父母皆是有学识涵养的人，教育方式自然与众不同，他们不会刻意限制孩子们的发展，而是随其个性，稍加引导。

作为父亲从美国留学归来后的第一个孩子，杨绛从父亲那里得到了比其他兄弟姐妹更多的爱。父亲喜欢吃冰激凌，在杨绛出生那年，买回一个可以自制冰激凌的桶，杨绛出生那天，父亲便做了一桶冰激凌，往她的小嘴唇上稍微点了一点儿冰激凌，她爱吃极了，小嘴都冻紫了，还不停地吧嗒吧嗒品尝着。

杨绛刚出生时，小小一团，父亲便用两只手并在一起，小心翼翼地把她抱起来。长大后，她也是姐妹中身材最矮小的一个，父亲常笑称她："猫以矮脚短身者为良。"矮小又如何？杨绛不如姐姐们高挑，却得到父亲的偏爱。

父亲与母亲是孩子们成长过程中的守护者，是心灵世界不可缺失的两部分，杨绛生于如此美满的家庭，不知修了几生几世的福分。

趣事二三

岁月在我们身上留下痕迹，我们或是成长，或是衰老，不可抗拒，也无法逃避。在而立之年和耳顺之年回望过去时，我们的感慨亦有诸多不同，甚至会有天壤之别。然而，无论是而立还是耳顺之年，以不同视角去审视童年时，我们的内心所涌动的情感都格外一致。

人因为年纪小，懂得少，还未经历世道艰辛，所以无忧无虑，天真无邪。记忆会随时间流逝而消退，童年的点点滴滴，大多早就模糊不清了，只剩下零碎的片段，我们只能将从父母亲朋口中得到的些许线索，拼凑成一幅并不完整的童年画卷。

我十分好奇，杨绛先生在跨越近一个世纪的时间和空间遥望童年时，她是怎样的心情?

她的童年，正处在中国历经百年巨变时期，仁人志士于混沌之中寻求救国革新之道，辛亥革命正在酝酿之中，波澜壮阔隐于平静之下。父亲杨荫杭便是求变的其中一人，他积极投身革命活动，但凡有益于国家进步之事，他当仁不让。

杨绛出生不久，迎来了辛亥革命，延续几千年的封建王朝就此崩塌，奴役了百姓几千年的专制统治就此瓦解，中国人身上的枷锁终于被打开了。历史的车轮从旧王朝身上碾压过去，为民主与科学的救国理念铺平了道路，进步知识分子以此为契机，迎难而上，探索民族的解放与发展。

至此，中国经历着翻天覆地的变化。这时，杨荫杭就任江苏省高等审判厅厅长，因为有明文规定，本省人士必须回避本省官职，杨荫杭便被调任浙江省高等审判厅厅长。他为人刚正不阿，坚持司法独立，因此得罪了省长屈映光。屈映光怀恨在心，趁着晋见袁世凯时，告了杨荫杭一状，说他“顽固不灵，难与共事”。

幸亏袁世凯的机要秘书与杨荫杭曾是同窗好友，这位秘书在一旁为杨荫杭美言几句，才化解了危机。袁世凯亲笔批示“此是好人”，将杨荫杭调到北京任职。杨荫杭带着妻女迁往北京，开始了新的生活。因为父亲的工作时常变动，大姐与二姐留在上海读书，三姐则在无锡老家，姐妹之中唯有杨绛跟随父母生活。

初到北京时，杨绛只有四岁，对她而言，北京陌生又有趣。

杨绛和父母住在现今的北京市东城区，房东是满族人，这是杨绛第一次见到满族人，她用好奇的目光打量着这些与众不同的人。她们身着旗袍，梳着“板板头”，穿着“花盆底”鞋，着实让小杨绛大开眼界，尤其是她们走起路来摇曳多姿，让她充满了向往。父亲看到杨绛如此好奇，便问她：“你长大了要不要穿这种高底鞋？”她没有立即回答，而是认真思考了一番，才大声答道：“要！”

年纪尚幼，自然可以每日疯跑玩耍，到五岁时，杨绛开始进入学堂，从此，她的生活中又多了一项内容——认字读书。

杨绛的启蒙学堂是北京女高师附小，她的三姑母杨荫榆在这所学校任职。父亲杨荫杭兄弟姊妹共六人。大姑母年龄最长，出嫁后不久便因患肺病不幸去世。大伯父在武备学校学习时，一次试炮失事，他就此殒命。三叔与大姑母同样因肺病去世。二姑母杨荫枌、三姑母杨荫榆比父亲年纪小，出嫁之前便在哥哥家久住下来，所以彼此关系最亲近。

三姑母曾远赴外国留学，先后出任北京女高师“学监”和北京女子师范大学校长。杨绛与三姑母经历了由亲密到疏远的过程，她们曾无话不谈，却在随后的某一日开始，二人的感情变得不再似从前。

在《回忆我的姑母》一文中，杨绛记录了一件与三姑母有关的趣事，如今想来，仍留有余温。她回忆道：“我还是她所喜欢的孩子呢。我记得有一次我们小学生正在饭堂吃饭，她带了几位来宾进饭堂参观。顿时全饭堂肃然，大家都专心吃饭。我背门而坐，饭碗前面掉了好些米粒儿。三姑母走过，附耳说了我一句，我赶紧把米粒儿捡在嘴里吃了。后来我在家听见三姑母和我父亲形容我们那一群小女孩儿，背后看去都和我相像，一个白脖子，两撅小短辫儿；她们看见我捡吃了米粒儿，一个个都把桌子上掉的米粒儿捡起来吃了。三姑母讲的时候笑出了细酒窝儿，好像对我们那一群小学生都很喜欢似的。那时候的三姑母还一点儿不怪癖。”

过往曾经如此动人，不知以后杨绛和她的三姑母想起同一件往事时，她们俩的心情是否相同？或许相处许久，她们的关系因其他事情有了难以弥合的裂口，二人亦不再似往日那般亲密无间，可真切发生过的事不会变。

五岁的杨绛，白白嫩嫩的，活泼欢快的可爱模样，格外招人喜欢。那时，女高师的学生会经常带着杨绛去大学部玩耍。结束了一天的学习，杨绛如同出笼的小鸟，蹦蹦跳跳，有大姐姐们陪着荡秋千，自由自在，她觉得有趣极了。

一次，女高师的学生举办恳亲会，准备演三天戏，她们请杨绛出演戏中的花神，还特意为她打扮一番，将杨绛的牛角辫盘在头顶，插满花朵，衣服也贴满金花，活脱脱一个百花仙子。试问谁不愿扮作花神呢？这可是美丽的象征，杨绛开心地配合着，稚嫩的小脸上堆满了笑。学校举行运动会，也少不了杨绛参与，一个大学生跳绳时，让杨绛在她身后绕着圈地跳，杨绛像一颗小卫星，跑着跳着，笑着闹着。

幼年时，杨绛所求不多，极易满足，有着童年里最单纯的快乐。如今想来，成年人的世界缺少快乐，大抵是因为欲望太多，却又得到太少。

那么多有趣的事，人若是能够全部记着，该多好。

步履不停

作为小孩子，属于他们的世界是有限的，比如家门前的那条街，屋后的池塘，总之以家为圆心，向外扩展的区域并不算大。若是在童年恰逢搬家，长距离迁移对孩子而言，其空间变化是他们难以想象的。孩子印象最为深刻的，往往是失去一众朋友，也会因此伤怀。

杨绛随父亲、母亲由上海迁来北京，认识了新的朋友，熟悉了新的路线，还没等她长大，他们就又要搬家了。

杨绛的父亲在北京先后担任京师高等审判厅厅长、京师高等检察长、司法部参事等职，他因公务缠身，恨不得有几个分身。

当民主共和的成果日益稳固时，却出了“张勋复辟”这场闹剧，作为革命者，杨绛的父亲处境危险，纵然如此，他仍旧留在北京，在一位英国朋友家避了几天风头。然而，“扣押交通部总长许世英事件”一出，他不得不离开北京。

1917 年 5 月，交通部总长许世英受贿被捕，国务会议相关人员却认为许世英没有犯罪的证据，反倒要追究检察长杨荫杭的责任。多年后，杨绛回忆起这桩陈年旧事，有自己的一番看法。她认为：“父亲专研法律，主张法治，坚持司法独立；他小小的一个检察长——至多不过是一个中不溜的干部，竟胆敢拘捕在职的交通部总长，不准保释，一定是掌握了充分的罪证，也一定明确自己没有逾越职权。”

官场的黑暗让杨荫杭有些心灰意懒，多年来，他一直在坚守法治，始终不忘“公正”二字。有罪之人被免罪，无罪之人却要受罚，岂有此理！

正当杨荫杭心有愁忧时，学校传来消息，二女儿感染风寒住进了医院。一家人坐立难安，最焦急的当数母亲，听闻二女儿得病，她把整颗心都提到了嗓子眼，不知女儿具体情况如何，她心急如焚。

在北京的母亲原本可以乘坐火车尽快赶到上海看望二女儿，但赶上天津发大水，火车中断，母亲只好换乘轮船。一路颠簸后，母女终于团聚，然而杨绛的二姐此时已经无比虚弱，视线模糊，很难看清母亲的样子。可想而知，十五六岁的孩子遭此劫难，该有多害怕，二女儿拉着母亲的手，哭声始终未停，痛在女儿身上，更痛在母亲心上。

如若疼痛可以转移或代替，那母亲会心甘情愿代子女受罪，宁可饱受折磨的是自己，也不忍心看着子女难受。世间的母亲，虽然样貌不同，出身不同，经历不同，她们对待自己的子女，却是同样无私的。

疾病残酷无情，杨绛的二姐没能渡过这场难关，在花季殒命，这成为杨家最疼痛的记忆。

仕途不顺，女儿去世，这让杨荫杭备受打击，他决心辞官，离开北京。1919 年，辞职的申请还未能获批，他便带着妻子和女儿启程返回南方，与这片伤心之地挥手作别。

离开北京并非杨荫杭久思之后的决定，而是十分突然的。杨绛印象中，有一天清早，还在院里玩耍的她忽然听父母说要离开这里。

是去是留自然不是杨绛可以决定的，她只需听从父母的安排即可。在去火车站的路上，杨绛与一个同学偶遇，实际上彼此并不熟识，但她希望能拜托这位同学，给班里的同学带句话，告诉他们，她“回南了”。此次一走，不知何年何月才有机会和同学们再见，杨绛不由得有些伤感。

前来为杨荫杭送行的人挤在月台上，在杨绛看来，“有一大堆人——不是一堆，是一大片人，谁也没有那么多人送行，我觉得自己的父亲与众不同，很有自豪感。火车快开了，父亲才上车”。这分别的一幕让杨绛记忆深刻，哪怕过去几十年，她仍旧没忘。

火车开动后，母亲晕车，肚子里翻江倒海一般，不停地呕吐。父亲不但要照料一家大小，还要挑起全部的行李。他们抵达天津后，在客栈落脚，随后搭乘轮船前往上海，到达后还要换乘一种由小火轮拖带的小船回无锡。

一路颠簸，一家人筋疲力尽，千辛万苦终于回到无锡。早在之前，父亲已经在无锡沙巷提前租好了房子。此时，杨家已有八口人，除了大姐、三姐和杨绛，还添了两个弟弟和一个妹妹，有了自己的房子，孩子们便免去了回老家挤在一起的麻烦。

从北京回到无锡，杨绛的学业自然不能耽搁。在沙巷口有一座庙，名叫大王庙，不知何时由祭祀场所改为了学校，名字也随先前叫作大王庙小学。由于场地有限，学校四个班级的学生全部在一间大教室里上课，有八十人左右，杨绛和两个弟弟便在这里开始了学习。

学校只有校长和一位姓孙的老师，孙老师让杨绛记忆颇深。他剃了个光头，学生给他起了个外号“孙光头”，他拿着一条藤教鞭，时常打学生，而且专门爱打脑袋，放眼全校学生，几乎不存在没挨过他打的人。直到杨绛和弟弟们出现，他们成了从未挨过孙老师打的学生，或许是因为他们的父亲是做官的，所以老师有所顾忌。

时至今日，杨绛仍会不时回忆起在大王庙小学的时光。她说：“我在大王庙上学不过半学期，可是留下的印象却分外生动。直到今天，有时候我还会感到自己仿佛在大王庙里。”

她曾回忆道：“在大王庙读什么书，我全忘了，只记得国文教科书上有一部是‘子曰，父母之年，不可不知也……’，‘孙光头’把‘子曰’解作‘儿子说’。念国文得朗声唱诵，称为‘啦’（上声）。我觉得发出这种怪声挺难为情的。”

被他们称作“孙光头”的孙老师怕是早已作古，他断然不会想到，在他离开人世后，他还会出现在杨绛的笔下，为众多人所知晓，也算当了一回名人。

与同学们一起做游戏的事情，杨绛也记忆犹新，如今化作文字，读来仍让人回味无穷。有一次，他们玩“官、打、捉、贼（北京称为官、打、巡、美）”的游戏，她拈阄拈的是“贼”，随即拔腿就跑，一旁的玩伴还以为她疯了，拉住她问她干什么。她急得说：“我是贼呀！”玩伴听罢说道：“嘿，快别响啊！是贼，怎么嚷出来呢？”

接下来便是更有意思的对话，杨绛说：“我是贼呀！得逃啊！”

他们便耐心教她：“你是贼，就悄悄儿坐着，别让人看出来。”

又有人说：“你要给人捉出来，就得挨打了。”她告诉他们：“贼得趁早逃跑，要跑得快，不给捉住。”

他们说：“女老小姑则（即‘女孩子家’）不兴得‘逃快快’。逃呀、追呀是‘男老小’的事。”

她只觉得委屈，赶忙问：“女孩子该怎么？”

一个人说：“步步太阳（就是古文的‘负暄’，‘负’读如‘步’）。”

另一个人说：“到‘女生间’去踢踢毽子。”

大庙东庑便是“女生间”，里面有个马桶，女生就在里面踢毽子。但对杨绛来说，这可不是什么有意思的活动，她回忆说：“我只会跳绳、拍皮球，不会踢毽子，也不喜欢闷在又狭又小的‘女生间’里玩。”

虽然父亲出于工作原因总是去留不定，但这烦恼只是大人的，与杨绛并无多大关系，她依旧在父母的呵护下，过着无忧无虑的生活。

童年虽已遥不可及，然而光阴走过，人总有回忆留下来。记忆中，那座大王庙小学并未有丝毫改变，不谙世事的她也一如往常。过去的一切被尘封在记忆中，时不时等她回去看看。

幸而无恙

生，是在自己的哭声中开始；死，是在别人的哭声中结束。人生兜兜转转，无非是从起点走向终点的过程，无人可以避开。

平日里，我们可以对生与死的话题大谈特谈，大多谈的是一些大道理。当面对亲人去世时，我们除了惊慌失措，痛哭流涕，真的很难冷静下来想一想曾从自己口中说出去的“人生真谛”。

人的一生中，或许有数不清的离别，但最震撼人心的莫过于死别。想到今后的每一天，只剩下关于那个人的点滴回忆，我们的心就开始绞痛起来。如若那个离去的人是自己的父亲或母亲，我们会更加痛苦。

杨绛的百余年人生中，她先后经历了骨肉分别和夫妻分别。爱女阿圆先他们而去，丈夫钱锺书也没能陪她走到最后，死亡于她而言，多了几分平淡，少了几分慌张。只是，当她年纪尚小的时候，杨绛差一点儿“丢”了父亲，懵懂无知的她，害怕极了。

当时，父亲杨荫杭携一家人从北京回到无锡，住进沙巷的一处宅子，这是父亲精心挑选的住处，一家人在这里住了半年，时间并不算长。北京的房子多是高墙青瓦的四合院风格，而无锡沙巷的房子风格则多是小桥流水人家，不同的地理环境造就了城市不同的样貌和气质。人们单就站在沙巷院子里，便看得到船来船往，配上波光粼粼的底色，一切事物宛如在画中。杨家的生活以惬意悠然为主调，杨绛喜欢望着来往不绝的小船，这成为她的一种乐趣。父亲对当地“炝虾”情有独钟，食材就在家附近的河里，做法也简单，将打捞上来的小活虾稍微洗一下，放进锅里炒一下，接着把酱料淋在上面，片刻便成了一道美味。父亲、母亲，还有其他兄弟姐妹都很喜欢这种吃法，偏偏杨绛觉得难以下咽，那些蹦蹦跳跳的小虾，直接浇灭了她的兴趣。每个人的口味各有不同，杨绛不喜欢，家里人自然不会勉强她。

一段时间过后，除了杨绛，家里的其他人陆续生病，尤其是父亲与母亲，情况很糟糕。简单治疗过后，其他人慢慢恢复了健康。然而，父亲不但没有好转，反而越来越严重，这让家里人难以安心。

原本，父亲与母亲对沙巷的房子并不是特别满意，无奈找不到更合适的房子，只得暂时安顿下来。据说，租住这所房子的几个住户，无一例外地都得了伤寒，推测其原因，大概与河水有关。水与生活息息相关，水质有问题，自然会给人的健康带来隐患。只是当时的情况堪忧，杨家只能暂时在此处住下来。

父亲杨荫杭是先进知识分子，不止一次远渡重洋，在他看来，比起中医，西医才更可靠，所以他向来只看西医。当时的医疗条件岂能与今日相提并论，那么大的无锡，只有一位西医。母亲满怀希望，赶忙请这位西医来为父亲医治，西医来之后只做了两件事，一是抽点儿血，二是取一点儿大便，然后送往上海进行化验，一来一往需要一星期才能知道结果。可检查两次之后，父亲的病因依旧没有任何头绪。

父亲的病情越来越危急，他连着几个星期持续高烧，血肉之躯哪里经得住这般折腾，没过多久便憔悴不堪，甚至有些神志不清。望着丈夫虚弱的样子，杨绛的母亲决定请中医来给他诊治一番。这位中医颇有名望，把脉过后，说父亲得了伤寒。听罢，母亲跪在这位中医面前，伤心欲绝地恳求中医开方子救救丈夫，这位中医只是摇摇头，没有多说什么。母亲却非常清楚，大夫的意思是丈夫已无药可救。

时间在流逝，父亲的生命在流失，这让一家人感到绝望。若说世间还有谁能救他一命，只有医生可以，但医生也无能为力，清醒着的人不知该如何是好。

杨绛回忆当时的情景，记忆犹新："我记得有一夜已经很晚了，家里好像将出大事，大家都不睡，各屋都亮着灯，许多亲友来来往往，前来探望的人都摇头叹喟：'唉，要紧人呀！'"在无锡方言中，"要紧人"意为养家人，就是一家的顶梁柱。那时，父亲杨荫杭不单供养着自己的小家庭，还担负着婶婶、堂妹等人的吃穿用度，一大家人全靠他一人过活。

杨绛不懂大人对以后的忧愁，只是无比担心此时的父亲。

杨荫杭逐渐陷入昏迷状态，时不时说些无头无尾的昏话。即便西医与中医都束手无策，母亲仍不愿放弃救治父亲。她想到丈夫的老友华实甫先生是有名的中医，或许这位中医会有办法。华实甫先生并没有十足的把握，只好依母亲的要求"死马当活马医"。

怀着微弱的希望，母亲按照华实甫先生开的药方，为父亲抓药、煎药。病入膏肓的父亲丝毫没有减弱对中医的排斥心，母亲想方设法，将买来的西药胶囊倒空，再小心翼翼地将中药塞进去，伪装成西药的样子。不知这是否算作善意的谎言，固执的父亲一直没有发现，这也成为一家人的小秘密。

为了让药效达到最佳效果，母亲甚至拿出了自己的嫁妆——珍珠。她细心地将珍珠磨成粉末，一点点喂丈夫吃下。紧要关头，还有什么东西比丈夫的生命更有价值？莫说是几颗珍珠，就是搭上自己的性命，母亲也是肯的。

意想不到的是，父亲竟然挺了过来，渡过了这一难关。

杨家上下视华实甫先生为救命恩人，感念他的大恩大德。

对此，那位西医认为，这是杨荫杭凭借自身较强的体力，战胜了病魔。然而，在杨绛看来，中医也好，西医也罢，父亲能够逃脱鬼门关，完全归功于母亲的精心护理。若是没有母亲悉心照料，药方再神奇，也无济于事。

父亲大病过后，身体虚弱无力，杨绛回忆说："那年的除夕，我父亲病骨支离，勉强能下床行走几步。他一手扶杖，一手按着我的头，慢慢儿走到家人团坐的饭桌边。椅子上垫上一条厚被，父亲象征性地和我们同吃了年夜饭。"只要人活着，身体可以慢慢调养，这已是不幸中的万幸。

多年以后，忆及这虚惊一场的情形，杨绛仍感慨万分，说："我常想，假如我父亲竟一病不起，我如有亲戚哀怜，照应我读几年书，也许可以做个小学教员。不然，我大概只好去做女工，无锡多的是工厂。"

父亲在与不在，她的命运会随之发生改变，人生轨迹也会由此发生转折。杨绛或许不敢再奢望继续读书，亦无法遇见钱锺书，也不会是如今的杨绛。

杨绛感叹命运无常之余，父亲这一遭仍让她心绪难平，浸入骨髓的担忧挥之不去。所幸，父亲还在。

恰是少年

这辈子，一个人最终成为什么样的人，形成什么样的性格，向往又追求什么样的生活，并非一朝一夕决定的。

我们慢慢地长大，直到同父母一样，有了强壮的手臂、伶俐的口齿、敏捷的思维，这就意味着我们将要走更远的路，承担更多的责任。

疲惫是生活的一种常态，信念则是与之对抗的法宝，正是在不断成长之中，我们学会了隐忍、接纳与担当，学会了安身立命。

我们回望杨绛年少时的生活，可以看到她的童趣与天真，坚强和勇敢。

父亲杨荫杭是受过高等教育的人，自然懂得教育对一个人的影响。杨家的孩子无论男女，都要上学，而且父亲杨荫杭挑选学校从不马虎。反复比较后，他认为上海启明女校的教学质量不错，大女儿先前毕业于此，随后留校成为一名教师，如此一来，三女儿和四女儿便可以跟着大女儿去上海启明女校读书。

杨绛去上海启明女校读书，意味着她要独自适应学习和生活，这对从未离开过父母的杨绛而言，无疑是个不小的挑战。杨绛虽小，却已懂得父亲对她有所期许，她愿意迈出这一步，不让父亲失望。坚强的她，哪怕对未来一无所知，仍然壮着胆子向前走。

与鼓励女儿独自去女校读书的父亲相比，母亲多的是担忧与不舍。二女儿的死让母亲难以忘怀，她希望一家人永不分开，却也清楚只能想想罢了，孩子大了，总归要离开父母的庇护，独自去闯一闯。

离别在即，母亲问杨绛："你打定主意了？"杨绛轻轻地说："打定了。"杨绛肯定是要去的，这是她自己的决定，然而眼泪还是止不住地往下落，她努力保持平静，没有哭出声。为了不让母亲太过伤心，杨绛默默地扭过头，尽量不让母亲看到自己哭。

内心纵然千般不舍，母亲不得不忍下来。她不可能照顾女儿一辈子，悉心陪伴是爱，放手让杨绛去磨炼也是爱。母亲一边默默地宽慰自己，一边为孩子们打理行装。她给杨绛准备了一个小箱子，让杨绛自己决定带什么东西去上学。

让杨绛最珍惜的，是母亲临行前给她的一个银圆，杨绛把银圆藏在贴身衬衣左边的口袋里。那时，大姐给了她一块细麻纱手绢儿，上面绣着一圈红花，很漂亮，她舍不得用，便把手绢儿叠起来，和银圆放在一起。对她来说，左边的口袋是她的宝库，每次换衬衣，她总会将这两样宝贝贴身放着。随着天气日渐转暖，衣衫越来越薄，她才将银圆交由大姐保管，而那块花手绢儿，杨绛因为曾应急擦过眼泪，便留下作为常用。

一切准备就绪。1920 年 2 月，杨绛内心有些忐忑，又有些兴奋，来到上海启明女校开始与以往大有不同的生活。杨绛在上海启明女校度过的这段时光，平静、简单，满满都是美好的回忆。

上海启明女校的教室一间连着一间，脚下的路是用花砖铺设而成的，学校里还有满眼绿色的草坪，大大的操场上有秋千和跷跷板。这里少不了学生的读书声与欢笑声。

初来乍到的杨绛，望着壮观的新学校，脑海中首先想到的便是大王庙的同学们。她恨不得立马让他们知道，自己现在就读的这所学校有多么神气：“我们的一间英文课堂（习外语学生的自修室）比整个大王庙小学还大！我们教室前的长走廊好长啊，从东头到西头要经过十几间教室呢！长廊是花瓷砖铺成的。长廊下面是个大花园。教室后面有好大一片空地，有大树，有草地，环抱着这片空地，还有一条很宽的长走廊……”骄傲之情溢于言表，还没等杨绛真的向以前的同学们炫耀一番，她便已融入新的世界了。

上海启明女校与其他私塾有太多不同，杨绛对每一样事物都感到新奇，这些事物完全是她闻所未闻、见所未见的。

在上海启明女校中，管教学生的修女被称为“姆姆”。刚开学时，学生陆续返校，杨绛听到她们在喊“望望姆姆”。后来杨绛才知道，它的意思是：“姆姆，您好！”学校每月放假一天，住在本地的学生便可以等着家人接她们回家。其余的每个星期日会有“跑路”——学生穿上校服，戴上校徽，有序地排着队，每队由各自的姆姆带领，前往郊野或私家花园游玩。

与只设置读书、习字科目的私塾不同，上海启明女校的学习科目繁多，不局限于文化课。比如绘画，被称作“描花”，有油画、炭画、水彩画，由受过专门教育的姆姆任教；弹钢琴，则称作“掐琴”，杨绛觉得这个名字土里土气，想来也是，为什么会用“掐”这个字呢？

每天会有早饭、午饭、点心和晚饭，每顿饭结束后，学生不能在教室里逗留，而是要“散心”，即来到教学楼前或教学楼后游玩散步。用餐时，学生不准说话，但每逢节日便被准许说话，称为“散心吃饭”。

学生不乖被叫作“没志气”，淘气的小孩子被叫作“小鬼”或“小魔鬼”。自修时，若想去厕所，学生需要提前“问准许”，意思是向监守的姆姆说一声“小间去”或“去一去”，得到姆姆点头，才许出去。大多数情况下，姆姆正在聚精会神地看书，往往头也不抬，看也不看，便点头答应了。其实，学生多半是想出去玩一会儿，杨绛会直接说“我出去玩一玩”，也会得到姆姆应允，她得了批准，便跑去后院玩一通。

聪明、乖巧的杨绛深得姆姆喜爱，即便是上山瞻礼这种不允许小孩子参与的活动，她都有机会跟着去，还可以和姆姆睡在一起，这对杨绛来讲是至高无上的荣誉。她感到骄傲的同时，不忘藏在心里的疑惑：姆姆的帽子那么高，裙子那么大，姆姆到底有几顶帽子，又有几条裙子呢？

揣着自己的小心思，杨绛假装睡着了，悄悄观察着姆姆。终于，等到照顾所有人休息后，姆姆也准备休息了，杨绛便有了答案，原来姆姆的帽子有三层，裙子也有三条，这与小伙伴们曾经猜测的七条裙子有很大出入呢。

大人的世界里，总是充满着让孩子们难以理解的事，孩子们怀着小小的好奇心，试探性地寻求答案，慢慢拓宽自己的认知。

已经去世的二姐，也曾在上海启明女校读书，她品学兼优，备受姆姆喜爱。有一个教格致课的姆姆，会直接称呼杨绛为“同康”，这是杨绛的二姐的名字，也是令人伤心的名字，但杨绛没有纠正姆姆，任由姆姆继续用这个名字唤她，不知不觉间，杨绛爱上了格致课，经常盼着这位老师。二姐的名字仍在，仿佛她还没有走远。

杨绛在上海启明女校度过了三年多的时光，虽在漫漫人生中这算不得太长，但足以留下深刻的印记，值得她日后反复思量，重温当年，并提笔写进书中。

那时的小女孩儿，如今已成为白发苍苍的老人，历经坎坷，饱含沧桑。虽然杨绛的容颜几度变化，但是她的信念与坚持未曾动摇，一如当年。

第二章 岁月静默沉淀

人能够凝练成一颗石子，让时光像水一般在身上湍急而过，自己只知身在水中，不觉水流。

至亲至爱

能被称为“至亲至爱”的关系，最确定无疑的当数父女、母子。亲情比友情更深厚，比爱情更长久，它或许是上苍对世人的垂爱。

父母之于子女，从始至终呵护。子女要度过无知的童年、叛逆的少年时期，直到成家立业、为人父母之后，才能稍微体会父母的爱是多么深沉。世间最令人心痛的，不是爱而不得的情爱，而是“子欲养而亲不待”。

中国人对感情向来含蓄，尤其是亲情，鲜少在语言上表达，父母之爱大多沉默，而子女在这方面也很腼腆。杨绛却不同，她自小便是父母的贴心小棉袄，暖人身心。

说起她的暖，我倒想先说说她的可爱。

在杨绛去上海启明女校读书后不久，父亲杨荫杭受邀到上海的中报馆担任主笔，一家人便随父亲搬到了上海。一天，大姐带着三姐和杨绛去看望父亲，姐妹们欢喜得不得了。父亲大病初愈，面容不似从前红润，身体也消瘦了许多。与父亲许久未见，杨绛紧靠着父亲，小手拉着大手，舍不得松开。

杨绛虽然年纪小，但是心思细腻、敏感，乖乖待在一旁，听着父亲与姐姐说话，心里说不出地开心，同时又伴着些许难过感。此时此刻，若是母亲也在，该有多好！

与惦念已久的女儿相见，父亲也格外高兴，说要带大家去吃大餐。以往，他们吃大餐是因为犯了错误，要接受批评教育。挨训的大餐，杨绛自然尝过，只是这真正的大餐，她还是头一次吃，不免有些紧张。她望着餐桌上的刀叉，一时不知该如何是好，就仔细看父亲怎么用，然后一板一眼地照着做。

杨绛自觉学得有模有样，可还是闹出了笑话。她慢慢地喝着汤，一口接着一口，时不时还会吃点儿别的东西。站在一旁的服务员耐心地等着，每次以为她喝完了准备撤走盘子的时候，她却又喝了起来，反反复复好几次，让服务员颇为无奈。原来，汤要一口气喝完，随后服务员便会将盘子撤走，而杨绛哪里知道这个讲究，不知不觉间给父亲和两个姐姐增添了笑料。好不容易有机会吃顿真正的大餐，父亲便问杨绛哪个菜最好吃。杨绛仔细想了想，不由得有些委屈，一顿饭的时间，她的注意力全部集中在学习刀叉的使用上，饭菜是什么味道则全然没有印象，她只说得出冰激凌很好吃。不知道后来，杨绛的父亲有没有再次带她去吃大餐，弥补一下她的小小遗憾。

父亲为人谦逊，行事低调，在家庭教育方面也秉承一贯的风格。对待儿女，父亲秉持一律平等的原则，凡事以说教为主，绝不会动手打骂孩子，也不会宠溺他们。最难得的是，父亲不会滥用家长权威，而是以孩子的角度去考虑问题，耐心地去了解孩子的想法，从而更好地引导他们去辨别是非对错。

父亲赢得了孩子的尊敬，孩子喜爱他，也敬畏他。杨绛曾好奇，父亲与自己一般大的时候，会是什么样子呢？杨绛左思右想不得其解后，索性向父亲寻求答案，令她意想不到的是，父亲说他自己就和普通孩子一样。父亲虽然这样说，但在杨绛心里，父亲一定不普通。

杨绛用“凝重有威”形容自己的父亲，兄弟姐妹虽与父亲亲近，却多少有些怕他，小心翼翼，不敢惹怒他。不要说年纪尚小的孩子，就是杨绛未来的丈夫钱锺书，首次登门拜访时，同样怀着几分畏惧心。婚后，钱锺书说“爸爸是‘望之俨然，接之也温’”，即外表不怒自威，实则待人接物都有温度。

世间万物皆有联系，我们生活在千丝万缕的联系中，受各种各样的人事影响，最深远的莫过于父母对我们人格形成的影响。父母的性情，虽说不会完全复刻到孩子的身上，但也会有一些明显的印记。杨绛温婉又不失刚强，无疑受父母影响，而她对待生活的态度，更是与父母有几分相像。

有一次，父亲带着一家人去拜访朋友，对杨家来说，这样的情形并不多见。父亲的朋友开车专程来接大家，这是杨绛第一次坐汽车，这奇妙的感觉给她留下了深刻的印象。然而，这只不过是个开始罢了，抵达目的地后，杨绛望着绿树成荫的花园、别致大气的洋房，还有穿着统一的仆人，随着映入眼帘的事物越多，她越惊叹。

这是杨绛从未见过的生活，眼见之处全是新鲜玩意儿，同来的姐妹也深有体会，回到家后，她们仍然感叹不已。父亲无意间听到了她们的对话，淡淡地说道：“生活程度不能太高的。”他没有多说什么，只有寥寥几个字，却被杨绛悄悄地记在了心里。

不被繁杂遮蔽双眼，不被俗尘蒙住心智，不受外物牵绊，简单生活，这是父亲长久以来对子女的期许。尤其是“善良”二字，父亲始终恪守做一个自己想成为的“好人”的原则，即便有诸多诱惑，这一点他也不会忘。

父亲对家中的几个孩子尤为宠爱，对杨绛的爱，更是比其他的孩子多了几分。有一次午饭后，正当大家准备散去，父亲对杨绛说：“其实我喜欢有人陪陪，只是别出声。”此后，杨绛成为唯一可以陪父亲午休的孩子。她知道父亲喜静，便在一旁静静地看书，不吵不闹，默默地陪着父亲。

杨绛生来乖巧懂事，很小的时候就已经懂得体贴别人。有一次，她剥了很多瓜子仁，装在一个小木碗里，端到母亲面前，给母亲吃。家里但凡有好吃的，母亲自然不舍得吃，为了哄杨绛开心，母亲假装吃了几粒，杨绛却不依，一直盯着母亲的嘴，小手紧紧拉着母亲的手，示意母亲快些吃完。母亲知道这是女儿的一番心意，便将碗里的瓜子仁全部吃了下去。杨绛看着母亲接受了自己的爱意，开心得合不拢嘴——她虽小，却懂得尽己所能去爱人。

了解了杨绛的些许暖心之举，我有一个强烈的想法：想做这样一个贴心的女儿，想要这样一个贴心的女儿。

力求心安

在父亲杨荫杭看来，世界上唯有医生和律师这两种职业可做，他做不成医生，所以选择当律师。医生能够救死扶伤，挽救生命，律师可以除恶扬善，匡扶正义，二者皆是以大善为先，只是后者要与社会的黑暗面相对抗，仍需十足的勇气。

斟酌一番，杨荫杭决心重操旧业，继续律师生涯。到底在哪里定居成了杨荫杭首要考虑的问题。上海社会复杂，杨荫杭不中意这里，犹豫再三，他决定以苏州为家。想要从事律师行业，至少得有办公的地方，租赁的房子可以满足一时，却无法长远，于是杨荫杭将购置房产一事提上了日程。

杨荫杭最终选定了一处名为“安徐堂”的旧宅子，当地人称之为“一文厅”，其背后还有一个广为流传的故事。据说明代奸臣魏忠贤横行霸道，有人曾上奏称“五城造反”，其中便包括苏州城。为了护一城百姓安稳，当时有个徐大老爷，将“五城”改为“五人”，苏州百姓才得以脱困。人们感激徐大老爷的大恩大德，一人一文钱，凑足了款子，为徐大老爷修建了“一文厅”。

可想而知，这处宅子已有些年头，虽然残破不堪，价钱却不低，杨荫杭用一大笔保险费买了下来。他要做的第一件事，就是好好修葺宅子。杨荫杭拆掉许多破落的小房子，将后园的面积扩大，种下花草树木.一时间旧宅变新宅，一派新气象。

若不是工作需要，杨荫杭是坚决不会置办房产的。他认为，经营家产不仅劳心劳力，甚至会受房产奴役。

此外，对子女而言，家产的弊大于利：某家少爷若是没有家产，他或许会自食其力，做出一番成绩，但有了家产，他只知享乐却没有后顾之忧，大好前程便葬送在了家产手中。

杨荫杭向来以自己遵循的原则教育子女："我的子女没有遗产，我只教育他们能够自立。"

父母的言传身教，让杨绛早早明白自立自强是一个人多么重要的素养。在新旧交替的年代，很多女性还被封建思想所困，依赖家庭，丈夫和孩子即是她们的一切。她们不知何为自我，更没有自我，全然为他人活着，独立自主对她们而言，太过遥远。

全家人搬入"安徐堂"时，前后的破房子还没有被完全拆除，因为房子长时间未曾有人住过，想要彻底收拾好尚需时日。杨荫杭掀起砖，看到砖下密密麻麻的鼻涕虫和蜘蛛，觉得处理起来很麻烦。杨荫杭想到一个办法，让孩子来干活儿，不是义务劳动，而是有奖励的，抓到一只鼻涕虫奖励一个铜板，抓到三只小蜘蛛奖励一个铜板，抓到一只大蜘蛛奖励三个铜板。

当杨绛放假从学校回家时，她发现弟弟、妹妹都在努力地干活儿赚钱，就连因病休学在家的三姐，也没有闲着，忙得不亦乐乎。小弟弟战绩最佳，母亲唐须嫈向丈夫打趣地说道："不好了，你把老小教育得唯利是图了。"物质奖励确实奏效，没过多久，院子里便不再见鼻涕虫和蜘蛛的身影。实际上，孩子们赚了不少钱，有的十几元，有的几十元，他们都乖乖地存在母亲那里，时日一长，无论是作为“存户”的弟弟、妹妹，还是作为“银行”的母亲，都忘了这笔款项，毕竟孩子们随时用钱随时开口就行。

关于父亲的良苦用心，杨绛有自己的见解，“劳动教育”的本质是鼓励孩子们赚钱，而不是教育“劳动光荣”，而在赚钱方面，她实在提不起兴趣。杨绛并未将身外之物放在心上，她的这种淡然性子，多少受其母亲影响。

杨绛认为：“假如我们对某一件东西非常艳羡，父亲常常也只说一句话：‘世界上的好东西多着呢……’意思是：你得自己去争取。也许这又是一项‘劳动教育’，可是我觉得更像鼓吹‘个人奋斗’。我私下的反应是，天下的好东西多着呢，你能样样都有吗？”大千世界，五光十色，诱惑繁多，人在不经意间容易迷失自我，被利欲熏心的亦大有人在。人活一生，岂能只为钱财疲于奔命？一个人只有不与他人争，降低自己对世俗的无限欲望，才能清净自在地活着。

世人皆善妒，也常因一些小事斤斤计较。母亲唐须嫈则没那么多的小心思。家里人口众多，要操心的事自然就多，母亲整日忙前忙后，几乎片刻不停，然而杨绛的两个姑母则做起了甩手掌柜，家务事从不过问，在杨绛看来，这两个姑母未免有些自大、自私。三姑母常说，如果她动手抹了桌子，那女佣便不会再干活儿。诸如此类的事还有很多，以至于家里的用人常因“姑太太难伺候”而辞去工作，到头来，平白无故地给母亲添了很多麻烦。即使如此，母亲却从不多言，不去计较，也就没有烦恼。

杨绛生在富裕家庭，可从未有大小姐脾气，有用人可以使唤，她却从不对用人指手画脚，时时刻刻都谦逊有礼。力所能及的事，杨绛从不去麻烦旁人，而旁人但凡有需要帮助的地方，她都会诚心诚意地施以援手。

名与利，在杨绛的人生中从未有过一席之地，纵然荣华富贵惹人艳羡，但于她而言，维持温饱即可，毕竟人生有更多值得在意的事情。

无畏无惧

一个人一旦习惯了顺从，便很难改变，对他人说一个“不”字就需要莫大的勇气。

我们往往羞于拒绝，担心旁人会闹情绪，担心得罪朋友，担心误了他人的事……然而种种担忧之中，却无一点是关于自己的。有些人受人之托，便倾尽心力，这自然是一种富有担当的表现，只是很多时候，这些人是不想被托付的。

全家人在苏州安顿下来后，紧接着就是安排上学的事。这一年，杨绛十六岁，到了念中学的年纪，就读于苏州振华女校。从外表看，她像是十三四岁，小巧可人。

北伐战争打破了平稳的日子，局势动荡，学生运动此起彼伏，游行抗议，群众大会，人们以各种各样的方式表达不满。一个人的力量是单薄的，群众的力量则不可小觑。

一次，学生会发出通知，要求各校组织学生上街游行搞宣传，形式很简单，每人只需拿一个板凳，站在上面演讲，向往来的群众呼吁革命，动员大家团结起来。口齿伶俐的杨绛自然是同学心中的最佳人选，被推选出来。生在先进知识分子家庭的杨绛并不愿意参加活动，究其原因，是“当时苏州风气闭塞，街上的轻薄人会欺负女孩子”。

一个人有想要革命的斗志是好的，但是也并不是必须参加革命。学校有规定，凡是家里不赞成的，学生便可以光明正大地拒绝参加开会、游行等活动。到了周末，杨绛回到家赶忙向父亲道明了原委，恳请他帮忙，拜托他说家里不赞成。杨荫杭听罢，毫不犹豫地拒绝了女儿，直言：“你不肯，就别去，不用借爸爸来挡。”言下之意，父亲不帮这个忙，杨绛可以不去，这由她自己决定。

杨绛有些气馁，接着说道：“不行啊，少数得服从多数呀。”我们也时常如此，心里明明有打算，却默默服从大多数人，有时是心甘情愿，有时是迫不得已。

杨荫杭对左右为难的女儿说：“该服从的就服从；你有理，也可以说。去不去由你。”为了鼓励女儿勇敢说“不”，父亲给她讲了一个自己的故事。在他担任江苏省高等审判厅厅长的时候，张勋不知打败了哪位军阀得以胜利入京，江苏绅士联名登报拥戴欢迎。杨荫杭的属下未与他商议，擅自把杨荫杭的名字也列入其中。下属以为，名字既已见报，纵然杨荫杭不情不愿，也不好再说些什么。然而，杨荫杭岂是这般没有原则的人？“名器不可以假人”，他立即在报上登了一条大字启事，声明自己并没有对此表示欢迎。

周遭的人常说杨荫杭不通世故，可他不以为然。他对女儿说：“你知道林肯说的一句话吗？ Dare to say no!（敢于说不！）你敢吗？”杨绛想了想，稍有无奈地说：“敢。”来到学校，杨绛没多做解释，只是一再坚持“我不赞成，我不去”。对于杨绛的拒绝，同学们颇感意外，然而事实证明杨绛是对的，街上的确有不怀好意的人非礼女同学。杨绛不去，是明智的，而她敢于说不去，实属勇气可嘉。

父亲的故事以及他的教诲刻在杨绛的心中：与其逃避，不如直视问题。人生在世，难免会身处进退两难的境地，很多人碍于情面，内心纠结。究竟哪一样才是真正的意愿，别人不知道，自己必须清楚。人如果坚持自己的主张，短期内可能会有麻烦，但总好过一味地顺从他人，给自己带来长久的烦恼。

杨绛向来不争不抢，同时，也恪守自己的人生准则，不愿被他人践踏自己的尊严。人若不希望被他人叨扰，就必须学会拒绝——何苦劳心劳力，到头来还要苦了自己？

对于名利，杨绛看得很淡。高中国文老师曾在班上讲诗，留下作业，让学生作诗一首。杨绛作了一首《斋居书怀》："世人皆为利，扰扰如逐鹿。安得遨游此，翛然自脱俗。"国文老师大赞不已，批注道"仙童好静"。

父亲对杨绛的教育秉承孔夫子"大叩之则大鸣，小叩之则小鸣"的理念，他固执地认为女孩子身体娇柔，不宜过分用功。纵观与他同时期留学的女同学，都因用功过度而伤了身体，从而早早离世。

他常向杨绛说起自己的一个同学，每门功课都是满分，然而父亲对这个同学的评价是"他是个低能"。成绩不能代表一切。杨绛聪颖伶俐，成绩优异，却很少得满分。世间哪一个家长不希望自己的孩子能够考试得一百分？杨荫杭却正好相反，认为成绩并没有那么重要。

高中时，杨绛甚至仍分不清平仄声。杨荫杭丝毫不着急，甚至宽慰女儿说："不要紧，到时候自然会懂。"终于有一天，杨绛能将四声分辨清楚，杨荫杭出题考她，她答对了，他高兴，她答错了，他仍高兴，绝无半点儿怒色。

杨绛自幼便对文学情有独钟，常常是她对某些书展露出兴趣后，父亲便将那本书放在她的桌子上，哪怕需要登梯爬高去橱顶拿，他也一定会为她把书准备好。辞章小说是杨绛的最爱，父亲便时常为她购置，满足她的阅读兴趣。如果她长期不读某本书，这本书便会在某一天消失。

父亲只要确保杨绛不会误入歧途就好，其余的皆可顺其自然，由着她的心性，让她自在生长。

杨绛年纪小、阅历浅，很多事自然不懂，作为父亲，杨荫杭便是将她不懂却又需要的道理讲给她听。父亲给她上了勇敢说“不”的一节课，足以让她受益终生。

青涩光阴

1998 年，杨绛发表《“看”章太炎先生谈掌故》一文，用轻快的口吻讲述了中学时代令她记忆犹新的一件尴尬又有趣的事。

杨绛上高中时，学校的教务长王佩诤先生办了一个“平旦学社”，每星期会邀请名人前来讲学。

一次，章太炎先生要来讲学，王佩诤先生事先叮嘱杨绛，让她做记录。杨绛以为的“做记录”就是做笔记，听大学者讲学，做笔记当然是必不可少的，如此简单的任务，杨绛便答应下来。

因为大姐也要去听讲，所以姐妹俩相约一起去。出门前，大姐又换衣服又换鞋，好半天才收拾妥当，杨绛无奈，也只好在一旁默默地等着。她们匆忙赶到礼堂时，章太炎先生已经开讲。偌大的苏州青年大会礼堂里，挤满了前来听讲的人，不但空座难寻，甚至座位间的空隙都有人摆好了小板凳。没办法，杨绛和大姐不得不往里挤，正当她准备挤过去的时候，会场的工作人员却叫她过去，说是记录人员的座位在台上，让她上去。

突然听到要上台，杨绛往台上瞅了瞅，章太炎先生正津津有味地谈掌故，他左侧的三个座位上，一位是王佩诤先生，一位是国文老师马先生，一位是王佩诤先生和马先生的老师金松岑先生，三个人已经开始动笔做记录。章太炎先生右侧有两个座位，挨着他的座位上坐着的一位女教师，是金松岑先生的亲戚，可谓才貌双全。靠右侧远一些的座位空着，杨绛明白了，自己要坐在那个座位上。

原来要上台做记录，这是杨绛万万没有想到的，而且台下黑压压的全是人，她心里不免有些紧张，甚至有些胆怯，何况她还迟到了，又有些羞愧。不过杨绛答应教务长在先，没有理由失信于他，做了一番思想斗争后，她慢慢地朝台上走去。

台上的人和台下的人不约而同地看着杨绛，章太炎先生看了她一眼，又接着讲掌故。坐下后，杨绛稍微松了一口气，定了定心，准备认真听讲。

章太炎先生大谈掌故，台上的几位老师笔尖不停，认真地做着记录，台下的听众安静极了，侧耳倾听，也有人时不时在小本子上记着什么。如此严肃的氛围中，杨绛紧张极了，望着桌子上摆放整齐的砚台、毛笔和一沓毛边纸，她心中默默大呼糟糕，想到自己毛笔字是“出奇拙劣”，不由得难以下笔。不单字迹不美观，她拿笔的姿势也不好看，杨绛的老师曾将她拿笔的样子比作拿扫帚。尤其是旁边的几位老师奋笔疾书，个个潇洒自如，杨绛与他们相比，真是天壤之别。可已经坐在这里，断然不能有半点儿退缩之意，杨绛只好磨墨，提笔开始记录。

好不容易说服自己平静下来，可她又惊讶地发现，自己根本无法听懂章太炎先生的话。一是章太炎先生说的是杭州官话，杨绛听起来如同听天书一般；二是她稀里糊涂，压根儿不知道章太炎先生所讲的是何人何事，一时慌了神。

与其他几位老师的座位不同，杨绛的座位是在讲台前面，她的一举一动都会落在听众的眼中。杨绛作为一名记录人员，自然是要动笔记录的，否则干坐着，多少有些奇怪。然而，杨绛努力想听懂章太炎先生的话，可依然不知所云。

坐在台上的她简直如坐针毡，那支毛笔被她拿起来又放下，反复好多次。她在内心默默地想着：怎么办？我假装乱写吧，交卷时怎么交代？况且乱写也要写得很快才像。冒充张天师画符吧，可我又没画过符。我要是连续地画圈圈、竖杠杠，难免给台下人识破。思来想去，杨绛最终决定，干脆放下笔认真听讲，索性什么都不记了。

虽然杨绛十分想弄明白章太炎先生到底说的是什么人、什么事，但还是听不懂，挣扎许久，她只好认真地看着章太炎先生，仿佛使劲儿看着就能把他说的每句话看到心里去。杨绛的座位距离章太炎先生很近，看得也很清楚，多年以后她写道："他个子小小的，穿一件半旧的藕色绸长衫，狭长脸儿。脸色苍白，戴一副老式眼镜，据说一个人全神注视会使对方发痒，大概我全神注视使他脸上痒痒了，他一面讲，一面频频转脸看我。我当时十五六岁，少女打扮，梳一条又粗又短的辫子，穿件淡湖色纱衫，白夏布长裤，白鞋白袜。这么一个十足的中学生，高高地坐在记录席上，呆呆地一字不记，确是个怪东西。"

放宽了心，杨绛便细心观察起来。她看到先生的鼻子里塞了一个小小的纸卷儿，这让她想起很久前听说章太炎先生有"脑漏"病的事，不由得暗想，难道塞纸卷儿是因为这个病吗？她转念又想，人的脑子能漏吗？不可能吧？或许他是流鼻血呢？或许他流的是脓？又或许只是鼻涕？

不多时，章太炎先生就发现了杨绛的奇怪之处，这个记录员不但一字不记，而且目不转睛地盯着自己，这让他有些不舒服。随后，他时不时地转过脸望向杨绛，结果每次都会迎上她天真的眼神，如此反复许多次，估计章太炎先生最后无可奈何，只好由她看吧。

章太炎先生谈了一个小时的掌故，杨绛则煎熬了一个小时，毫不夸张地说，她是度秒如年。万分辛苦地等到了结束，从始至终，杨绛的稿纸上空空如也，她没有记录一个字、一个词语。工作人员收走了她的空白纸，告诉她随后还有一个招待会，让她先不要走。她呆呆地站在人群之中，没人招呼她，也没人告诉她该做些什么。她搞不清自己是主人还是客人，最后偷偷溜之大吉，才算摆脱了尴尬局面。

谁知，第二天苏州报上登载了一则新闻，说章太炎先生谈掌故，有个女孩子上台记录，却一字没记。用杨绛自己的话说，便是“我出的洋相上了报，同学都知道了”。开学后，国文班上，同学们将她出丑的事当笑谈，国文老师马先生无奈地对她说：“杨季康，你真笨！你不能装样儿写写吗？”

杨绛多少有些委屈，在文章中写道：“我只好服笨。装样儿写写我又没演习过，敢在台上尝试吗？！好在报上只说我一字未记，没说我一句也听不懂。我原是去听讲的，没想到我却是高高地坐在讲台上，看章太炎先生谈掌故。”

虚情假意的话，她不说；弄虚作假的事，她不做。这便是杨绛，与其装腔作势，不如落落大方。

多年后，杨绛不再是当年那个梳着麻花大辫子的小女生，不禁感慨道：“掌故岂是人人能懂的！国文课上老师讲课文上的典故，我若能好好听，就够我学习的了。上课不好好听讲，倒赶来听章太炎先生谈掌故！真是典型的‘名人崇拜’，也该说是无识学子的势利眼吧。”

或许，教务长虽交给杨绛记录的任务，却并没有指望她能够真正记下些什么，不过是走个形式，只是当时她年纪小，哪里会想到这些。如今多少年过去了，“‘看’章太炎先生讲掌故”这件事，仍在杨绛的记忆中挥之不去。

曾经算是尴尬，她如今想来，却唯有坦然。

第三章 梦从这里出发

在这物欲横流的人世间，人生一世实在是够苦。你存心做一个与世无争的老实人吧，人家就利用你、欺侮你。你稍有才德品貌，人家就忌妒你、排挤你。你大度退让，人家就侵犯你、损害你。你要不与人争，就得与世无求，同时还要维持实力准备斗争。你要和别人和平共处，就先得和他们周旋，还得准备随时吃亏。

梦有起点

杨绛曾说："在庙堂巷，父母姐妹兄弟在一起，生活非常悠闲、清静、丰富、温馨。庙堂巷的岁月，是我一生最回味的日子。"

即使庙堂巷的岁月距今甚是遥远，杨绛仍能回忆起曾经的欢声笑语。她将这段往事悉心收藏，时不时细细品味。一家人身体相拥，心灵相随，自在轻快，温暖的情感在无声地流淌，滋润心田。

父亲工作繁忙，却从未忽视家庭。他是个工作狂，也是个居家男人。在花园中，他种下了许多果树，等夏天来临时，一家人围坐在树下，清风伴着清香，你一言、我一语地聊着家长里短，凉爽又惬意。天大地大，都不及树荫下。

那时的杨绛已是中学生，算不上有多么成熟，但也不是小孩子了。父母就某些事情争论不休时，她在一旁听得仔细，有时也会将自己的见解讲给父母听。父母不但不会忽视她的意见，有时反而会直接采纳。久而久之，杨绛加入父母的讨论组，与他们探讨更为深奥的问题。

也许大多数的子女在幼年时难得在父母聊天的时候插上一句话，即使插上话，得到的也是父母一句"小孩子懂什么"的回复。时间长了，任谁有再多的话，也不会开口了。如此一来，父母与子女的良性互动就这样画上了句号，待小孩子长成叛逆的少年，又让父母与子女进入敌对的状态，等子女到了中年，固执的双方也就更难接纳彼此的想法。终有一天，子女会发现，竟不曾与自己的父母倾心交谈过。

杨绛的性格，在很大程度上受父母影响。母亲温婉淳厚，父亲正直威严，一柔一刚，潜移默化中影响着杨绛，促使她以后成为什么样的人，选择什么样的生活。

人生不会一直停在某一处，人总要成长，总要继续向前走。

振华女校是六年的学制，杨绛只用了五年便完成了全部课程，提前一年毕业。然而，也正因为提前一年毕业，让她的人生发生了转折。

杨绛原本中意的是清华大学的外国语文学系，当年清华大学虽已开始招收女生，但并没有去上海招生，她只好另寻学校。第二年，杨绛得知清华大学放宽了招生限制，同她在振华女校的几个同班同学，纷纷考进清华，提前一年毕业的杨绛却与心仪的学校无缘。以杨绛的成绩，考上清华大学是完全没有问题的，她却阳差阴错，走了不同的道路。

杨绛不经意间的选择，成为她改写一生的伏笔。兜兜转转，杨绛最终得到了一个圆满的结局。

杨绛考上了两所学校，一是南京金陵女子文理学院，二是苏州东吴大学。当时，男女平等的观念还未深入人心，女校虽闭塞，但更安全，是许多女生的首选。不过，男女同学一起上课，气氛则更为活跃，可以结识更多朋友，对一个人以后的发展更有利。最终，杨绛选择了东吴大学，即如今苏州大学的前身。

这一年的秋天，杨绛正式成为东吴大学的一员，开启了她的大学之旅。杨绛迈入校门，眼前的一切是陌生的，也是新鲜的。在这里，她将走向人生更高的起点，感受与以往不同的人生。

东吴大学为教会创办的学校，与同时期的学校相比，其住宿条件更为优越。杨绛曾有过详细的描述："我第一年住在楼上朝南的大房间里，四五人住一屋。第二年的下学期，我分配得一间小房间，只住两人。同屋是我中学的同班朋友，我称她淑姐。我们俩清清静静同住一屋，非常称心满意。这间房间很小，在后楼梯的半中间，原是美国教授家男仆的卧室。窗朝东，房外花木丛密，窗纱上还爬着常青藤，所以屋里阴暗，不过很幽静。门在北面，对着后楼梯半中间的平台。房间里只有一桌两凳和两张小床。两床分开而平行着放：一张靠西墙，床头顶着南墙；一张在房间当中、门和窗之间，床头顶着靠门的墙，这是我的床。"

唯一不好的是房间的门不好用，不知是门框歪了，还是门歪了，轻易关不上，需要人用力往上抬才行。不过用杨绛的话来说这也算好处："关不上却很方便，随手一带，门的下部就卡住了，一推或一拉就开，开门、关门都毫无声息。"没有声响，也就不会因为开门、关门打扰到别人。晚上睡觉时，她们也不锁门，把门带上，不被风吹开就好。

杨绛生得清秀可人，成绩又好，自然受大家欢迎。有一天夜里，在她睡着后，宿舍的"卧谈会"开始了，室友如此评价她："杨季康具备男生追求女生的五个条件。一、相貌好；二、年纪小；三、功课好；四、身体健康；五、家境好。"实际上，杨绛当时并没有睡实，室友的谈话都一字不落地传进了她的耳朵，她窘迫极了，只好继续装睡。

有人曾写诗赞美她："最是看君倚淑姊，鬓丝初乱颊初红。""淑姊”指的是杨绛的室友，两人经常相伴而行，便有了诗中的画面。虽然众人一致夸杨绛貌美，她却从不认为自己是美女，她对自己的容貌毫不在意。

或许应了那句话，不知道自己是美女的美女，最美丽。即便多年之后，有人要为杨绛的丈夫钱锺书写传记，她特意写信声明：“我绝非美女，一中年妇女，夏志清见过我，不信去问他。情人眼里则是另一回事。”杨绛虽然否认自己貌美，但是并不影响大家的判断，见过她的人，十有八九会对她称赞一番。外人常说，追求杨绛者有孔门弟子七十二人之多，杨绛却笑言绝非这样。即使有写与她的信，内容也是告诫她年纪尚小，应当将心思放在读书上，暂且不要交朋友之类的忠言。

印象比较深的一次，她回忆说：“有些女同学晚上到阅览室去会男朋友，挤在一处喁喁谈情。我晚上常一人独坐一隅，没人来打扰。只有一次，一个同学兼朋友假装喝醉了，塞给我一封信。我说：‘你喝酒了，醉了？——信还给你，省得你明天后悔。’这是我上东吴大学的第三年，很老练了。这人第二天见了我，向我赔礼，并谢谢我。以后我们照常来往如朋友。在东吴上学期间，我没有收到一封情书。”

在大学这几年之中，杨绛自珍自爱，不随意触及儿女私情，一心只读圣贤书。她的良人——钱锺书，正在未来等着她呢。

东吴大学的老师不但注重传授知识，同时不忘体育锻炼。杨绛素来文静，但也积极参加体育活动，是女子排球队的一员。课余时间，杨绛在球场上挥汗如雨，等她技术有所长进后，便有机会参加比赛。

当时激动人心的时刻，即使隔着几十年的光景，她仍念念不忘：“我们队第一次赛球是和邻校的球队，场地选用我母校的操场。大群男同学跟去助威。母校球场上看赛的都是我的老朋友。轮到我发球。

我用尽力气，握着拳头击过一球，大是出人意料。全场欢呼，又是‘啦啦’，又是拍手，又是喜笑叫喊，那个球乘着一股子狂喊乱叫的声势，竟威力无穷，‘砰’一下落地不起，我得了一分（当然别想再有第二分）。”

这可是关键的一分，据她讲：“当时两队正打个平局，增一分，而且带着那么热烈的威势，对方气馁，那场球赛竟是我们胜了。”就这样，杨绛以一球决定胜负，自然难掩激动之情。“至今我看到电视上的排球赛，想到我打过网去的一个球，忍不住悄悄儿吹牛说：‘我也得过一分！’”她说。

这是她跳跃着的青春，活力四射，如此美好的时光，值得好好珍藏。

但求无悔

在做人生的选择题时，我们常问应不应该、值不值得、有没有意义，却常忽略自己是否愿意、是否真心。到底何为应该，何为不应该？这是否有确切的判定？

大抵是没有的。万事万物玄而又玄，哪里是应该或不应该就可以解释清楚的？

在东吴大学的第一学年结束后，杨绛便面临分专业的问题。杨绛的成绩素来优异，虽不是每门功课都是满分，但难得的是她没有偏科。杨绛的老师认为她完全有实力选择理科，比起其他因为偏科而不得不选择文科的女生而言，她可以自由选择。

选理科还是文科，杨绛也很纠结。这是两条截然不同的路，无论她选择哪一个，都意味着决定了今后的人生方向，杨绛因此慎而又慎，一时难以抉择。

杨绛回想着："我在融洽而优裕的环境里生长，全不知世事。可是我很严肃、认真地考虑自己'该'学什么。所谓'该'，指最有益于人，而我自己就不是白活了一辈子。我知道这个'该'是很夸大的，所以羞于解释。"一生漫长，选择什么与未来息息相关，杨绛如此聪颖，自然明白这次选择的重要意义。杨绛苦思冥想后，依旧无法做出选择，最后只好向父亲求教。

杨绛问父亲：“我该学什么？”杨荫杭用寥寥数语回答她：“没什么该不该，你最喜欢什么，就学什么。”她还是有些迷茫，继续追问道：“只问自己的喜爱对吗？我喜欢文学，就学文学？爱读小说，就学小说？”父亲认真地答道：“喜欢的就是性之所近，就是自己最相宜的。”

杨绛知道父亲对她宠爱有加，凡事尽可能以她的意志为先。她听完父亲如此说，最终放弃了理科，选了文科。纵然这选择与老师的劝导背道而驰，但这是杨绛的人生，全凭她自己做主。

当时，东吴大学并没有文学系，只有法预科和政治系。杨绛一番思量，准备选法预科，学成归来可以做父亲的帮手，借此接触形形色色的人，有了一定的阅历，便可将其当作她写小说的素材。对此，父亲并不同意，他虽说过任由女儿自主决定，但这件事上还是想要干预她的选择。女儿虽有意做他的帮手，可联系客观现实来看，她能帮他干什么呢？最终，杨绛听从父亲的意见，选了政治系。

她对政治学没有半点儿兴趣，平日对待功课只是敷衍了事，绝无丝毫钻研的劲头儿。后来，她慢慢有所领悟：“最喜爱的学科并不就是最容易的。我在中学背熟的古文‘天下一致而百虑，同归而殊途’还深印在脑里。我既不能当医生治病救人，又不配当政治家治国安民，我只能就自己性情所近的途径，尽我的一份力。如今我看到自己幼而无知，老而无成，当年却也曾那么严肃、认真地要求自己，不禁愧汗自笑。不过这也足以证明：一个人没有经验，没有学问，没有天才，也会有要好向上的心——尽管有志无成。”

她将大把的课余时间献给了图书馆。读书是杨绛钟爱的事情，她非常愿意将时间消耗在这里，对她而言，读书是不可多得的乐趣。东吴大学的图书馆藏书颇丰，中外文学名著数不胜数，这儿让杨绛敞开了看，但凡有时间，她都会跑到图书馆看书，尤其是外国小说，她几乎看了个遍。

东吴大学作为教会大学，自然对外语的学习颇为重视。杨绛外语基础好，又阅读了大量的原版书籍，外语水平越发有所长进。杨绛在东吴大学时就已开始学翻译，而且翻译了不少英文的政治学论文，这为她以后的翻译工作奠定了坚实的基础。

杨绛从来不是贪玩的孩子，若说贪什么，便是贪看书。

一次，父亲问她："阿季，三天不让你看书，你怎么样？"杨绛回答道："不好过。"父亲继续问道："一星期不让你看书呢？"杨绛回答说："一星期都白过了。"父亲听罢，笑着说："我也这样。"

杨绛与父亲不只有亲情，还有友情，父亲亦师亦友，为她遮风挡雨，为她指点迷津，他们一大一小、一老一少，竟成了朋友。

在爱书这件事上，父女俩出奇地兴趣相投。父亲常会买些旧书回家，小心翼翼地将卷曲或破损的书角修补好，然后叫杨绛用白丝线双线重新订好。他有严格的要求，双线必须平行，不许交叉，结子也不许露在外面。心灵手巧的杨绛，往往做得很好。

父亲工作繁忙，状子多的时候，书记来不及抄写，杨绛就认真地抄起来。杨绛心细，做事一丝不苟，三姑母杨荫榆也时常找她帮忙。

杨绛回忆说："她在一个中学教英文和数学，同时好像在创办一个中学叫'二乐'，我不大清楚。我假期回家，她就抓我替她改大叠的考卷；瞧我改得快，就说，'到底年轻人做事快'，每学期的考卷都叫我改。她嫌理发店脏，又抓我给她理发。父亲常悄悄对我说：'你的好买卖来了。'三姑母知道父亲袒护我，就越发不喜欢我，我也越发不喜欢她。”曾经的小女娃，也渐渐有了自己的心思，既然不讨三姑母喜欢，她自然对三姑母也少了从前的亲密感。

杨绛读到三年级时，母校振华女校的校长告诉杨绛一个好消息：为她申请到美国韦尔斯利学院的奖学金，不过她需自备路费及日常生活开销。路费并不算多，但生活费是学费的两倍之多，这让杨绛有些顾虑。

父亲与母亲听说此事后，让杨绛自己决定，只要她愿意去，便可以去。杨绛想了很久，最后谢绝了校长的这份好意。杨绛有自己的理由，一是不愿增添父母的负担，二是考虑到与其去美国读政治学，不如考取清华研究院攻读文学。对于她的决定，父母给予了最大的理解和赞同——无论是物质还是精神，父母都是她的依靠。杨绛也不负众望，后来顺利考入理想的院校，圆了自己的清华梦。

路口繁多，到底该往哪里走，谁也无法预知继续走下去会是什么样的光景，唯一可以肯定的是，人只有听从内心的指引，才能最大限度地减少遗憾。

一梦清华

清华园是杨绛心仪已久的圣地，那里承载着她对文学的向往与追求，曾与清华失之交臂，幸而她没有放弃，终于投入清华的怀抱。

清华大学历史悠久，自有一段跌宕起伏的故事。20 世纪初，美国退还的“庚子赔款”还有些许余额，便用来创办了一所留美预备学校，因校址选定在清室遗园清华园，所以取名为“清华学堂”，这便是清华大学的前身。轰轰烈烈的辛亥革命结束后，“清华学堂”更名为“清华学校”。

1925 年，清华学校设立大学部；1928 年，正式改为国立清华大学；1929 年，清华研究院成立。清华研究院的外国语文学系与外文系虽专业不同，却是同一批任课老师，都是大名鼎鼎的人物，有王文显、吴宓、朱传霖、陈福田、黄中定、黄学勤、张杰民、楼光来、温德、吴可读、施美士、毕莲、翟孟生、谭唐、谭唐夫人等。

在清华大学外国语文学系毕业的众多学生之中，不少人走上了剧本创作和话剧表演的道路，可谓人才济济，如李健吾、曹禺，以及杨绛等人，均是其中的佼佼者。学生如此优秀，老师自然是功不可没的，其中影响最为深远的便是著名戏剧家——王文显先生。尤其是对杨绛而言，绝对是由王文显先生将她领进门的，随后才是靠她个人修行。

王文显先生由一位英国人抚养长大，长在英国，受教育于英国，获伦敦大学学士学位，曾先后担任中国驻欧洲财政委员、英国伦敦《中国报》编辑、英国报界公会会员。归国后，王文显就任于清华大学留美预备部，曾先后兼任代理校长和副校长，自清华改为大学后，任外文系教授兼系主任，开设“外国戏剧”“戏剧专题研究”“戏剧概要”“莎士比亚研读”“莎士比亚”“近代戏剧”等课程。

一位清华校友如此评价王文显先生的课：“他的英文讲得太好了，不但纯熟流利，而且出言文雅，音色也好……听他叙述英国威尔逊教授如何考证莎士比亚的版本，头头是道，乃深知其于英国文学的知识之渊博。”杨绛正是听过王文显先生的课后，对西洋戏剧从陌生到熟悉，从不懂到喜爱，并逐步走上戏剧创作之路。

除了不可不提的王文显先生，吴宓先生也是杨绛文学路上的一盏明灯。他毕业于清华学校，随后赴美留学，先入弗吉尼亚大学英文系，后转入哈佛大学比较文学系，师从白璧德。吴宓先生获得哈佛大学硕士学位，回国后任南京东南大学外文系教授，随后任清华国学研究院主任，教授“翻译术”课程。他的课程注重培养动手能力，旨在提高学生的翻译水平，具有实践性和理论性，这让杨绛受益匪浅，为她以后的文学翻译打下了基础。

当杨绛考入清华研究院时，钱锺书已经离开清华，二人经常通信。钱锺书若是有问题向吴宓先生请教，便借着杨绛选修吴先生的课的机会，帮钱锺书转一封信或递个条子。杨绛有时会等课后代钱锺书传信，有时则去吴先生居住的西客厅。

有一件事让杨绛记了好久，她回忆说：“有一次我到西客厅，看见吴先生的书房门开着，他正低头来来回回踱步。我在门外等了一会儿，他也不觉得。我轻轻地敲敲门。他猛抬头，怔一怔，两食指抵住两太阳穴对我说：‘对不起，我这时候脑袋里全是古人的名字。’这就是说，他叫不出我的名字了。他当然认识我。我递上条子略谈锺书近况，忙就走了。”

在杨绛心中，钱锺书憧憬的老师，她则倍加崇敬。只是，在崇敬的同时，她有额外的一些想法。她觉得吴先生是“一位最可欺的老师”。之前，杨绛曾听同学说吴先生“傻得可爱”，她却觉得他“老实得可怜”。

为何会有如此想法，杨绛说：“当时吴先生刚出版了他的诗集，同班同学借口研究典故，追问每一首诗的本事。有的他乐意说，有的不愿说。可是他像个不设防的城市，一攻就倒，问什么，说什么，连他意中人的小名儿都说出来。吴宓先生有个滑稽的表情。他自觉失言，就像顽童自知干了坏事那样，惶恐地伸伸舌头。他意中人的小名儿并不雅驯，她本人一定是不愿意别人知道的。吴先生说了出来，立即惶恐地伸伸舌头。我代吴先生不安，也代同班同学感到惭愧。作弄一个痴情的老实人是不应该的，尤其他是一位可敬的老师。”

在杨绛看来：“他老是受利用，被剥削，上当受骗。吴先生又不是糊涂人，当然能看到世道人心和他的理想并不一致。可是他只感慨而已，他还是坚持自己一贯的为人。”吴先生并非无知无觉，只是与其花时间去计较，不如视而不见，互不相干。

清华大学名师云集，自成一道风景，此外，最让杨绛心仪的就是清华大学的图书馆。书籍向来是她的心头好，更何况是藏书量巨大的图书馆。她曾写下《我爱清华图书馆》，以此表达对图书馆的钟爱之情，字里行间透着由衷的赞美。

1932年春季，杨绛借读清华大学，在中学旧友蒋恩钿的带领下参观了学校的图书馆。当时的情景仍历历在目，甚至蒋恩钿谈起图书馆骄傲的神情和语气，杨绛都记得格外分明。蒋恩钿向她介绍说：“墙是大理石的！地是软木的！楼上书库的地是厚玻璃！透亮！望得见楼下的光！”

置身于图书馆，更加强了杨绛的感官体验。“地，是木头铺的，没有漆，因为是软木吧？我真想摸摸软木有多软，可是怕人笑话，耐下心伺得机会，乘人不见，蹲下去摸摸地板，轻轻用指甲掐掐，原来是掐不动的木头，不是做瓶塞的软木。据说，用软木铺地，人来人往，没有脚步声。我跟她上楼，楼梯是什么样儿，我全忘了，只记得我上楼只敢轻轻走，因为走在玻璃上。后来一想，一排排的书架子该多沉呀，我蹾着脚走也无妨。我放心跟她转了几个来回。”

甚至清华大学的厕所，杨绛都乐于提起：“厕所是不登大雅的，可是清华图书馆的女厕所却不同一般。我们走进一间屋子，四壁是大理石，隔出两个小间的矮墙是整块的大理石，洗手池前壁上，横悬一面椭圆形的大镜子，镶着一圈精致而简单的边，忘了什么颜色，什么质料，镜子里可照见全身。室内洁净明亮，无垢无尘无臭，高贵朴质，不显豪华，称得上一个‘雅’字。不过那是将近七十年前的事了。”

1933年，杨绛考取清华大学研究院外国语文研究所研究生，她对图书馆有了更深的感情。她回忆起那些点滴，带着岁月漫长、久别重逢之感：“我做研究生时，一人住一间房，读书何必到阅览室去呢？想一想，我记起来了。清华的阅览室四壁都是工具书：各国的大字典、辞典、人物志、地方志等，要什么有什么，可以自由翻阅；如要解决什么问题，查看什么典故，非常方便。这也可见当时的学风好，很名贵的工具书任人翻看，并没人私下带走。”

对于读书，杨绛体会颇深。她说：“我曾把读书比作‘串门儿’，借书看，只是要求到某某家去‘串门儿’，而站在图书馆书库的书架前任意翻阅，就好比家家户户都可任意出入，这是唯有身经者才知道的乐趣。我敢肯定，钱锺书最爱的也是清华图书馆。”

爱好读书之人，总能从墨香之中寻到快乐，不需说与外人听，静静地翻阅、品读，自由自在地穿梭于书籍之中。

人生几何

文字是一个人思想的体现，行文是何种腔调，大抵为人也是如此。

杨绛曾经读过的书，慢慢沉淀下来，成为她身心的一部分。此时，她虽涉世未深，但对人生已有几分感悟，所以她的文字带着几分成熟的味道。

朱自清先生是著名的散文家，他的文笔素朴缜密、隽永沉郁，遣词凝练，文风清丽脱俗，一字一句极富真情实感，轻而易举便打动人心。杨绛选修了他的写作课，可以说，她的文学创作始于此。朱自清先生发掘了杨绛身上的闪光点，并加以放大。

第一堂写作课上，朱自清先生留下作业：写一篇名为"收脚印"的文章。关于"收脚印"，在南方有特定的含义，是人死之前，会沿着一生中走过的路再从头走一遍，意在回顾一生的意思。写下这篇文章时，杨绛二十二岁，虽阅历尚浅，却写出了底蕴颇深的文章。

每当夕阳西下，黄昏星闪闪发亮的时候；西山一抹浅绛，渐渐晕成橘红，晕成淡黄，晕成浅湖色……风是凉了，地上的影儿也淡了。幽僻处，树下，墙阴，影儿绰绰的，这就是鬼魂收脚印的时候了。

守着一颗颗星，先后睁开倦眼。看一弯淡月，浸透黄昏，流散着水银的光。听着草里虫声，凄凉的叫破了夜的岑寂。人静了，远近的窗里，闪着一星星灯火——于是，乘着晚风，悠悠荡荡在横的、直的、曲折的道路上，徘徊着，徘徊着，从错杂的脚印中，辨认着自己的遗迹。

这小径，曾和谁谈笑着并肩来往过？草还是一样的软。树阴还是幽深的遮盖着，也许树根小砖下，还压着往日襟边的残花。轻笑低语，难道还在草里回绕着吗？弯下腰，凑上耳朵——只听得草虫声声的叫，露珠在月光下冷冷的闪烁，风是这样的冷。飘摇不定的转上小桥，淡月一梳，在水里瑟瑟的抖。水草懒懒的歇在岸旁，水底的星影像失眠的眼睛，无精打采的闭上又张开。树影阴森的倒映水面，只有一两只水虫的跳跃，点破水面，静静的晃荡出一两个圆纹。

层层叠叠的脚印，刻画着多少不同的心情。可是捉不住的已往，比星、比月亮都远，只能在水底见到些儿模糊的倒影，好像是很近很近的，可是又这样远啊！

远处飞来几声笑语。一抬头，那边窗里灯光下，晃荡着人影，啊！就这暗淡的几缕光线，隔绝着两个世界么？避着灯光，随着晚风，飘荡着移过重重脚印，风吹草动，沙沙的响，疑是自己的脚声，站定了细细一听，才凄惶的惊悟到自己不会再有脚声了。惆怅地回身四看，周围是夜的黑影，浓淡的黑影。风是冷的，星是冷的，月亮也是冷的，虫声更震抖着凄凉的调子。现在是暗夜里伶仃的孤魂，在衰草冷露间搜集往日的脚印。凄惶啊！

惆怅啊！光亮的地方，是闪烁着人生的幻梦么？

灯灭了，人更静了。悄悄地滑过窗下，偷眼看看床，换了位置么？桌上的陈设，变了么？照相架里有自己的影子么？没有……到处都没有自己的份儿了。就是朋友心里的印象，也淡到快要不可辨认了吧？端详着月光下安静的睡脸，守着，守着……希望她梦里记起自己，叫唤一声。

星儿稀了，月儿斜了。晨曦里，孤寂的幽灵带着他所收集的脚印，幽幽地消失了去。

第二天黄昏后，第三天黄昏后，一夜夜，一夜夜：朦胧的月夜，繁星的夜，雨丝风片的夜，乌云乱叠、狂风怒吼的夜……那没声的脚步，一次次涂抹着生前的脚印。直到那足迹渐渐模糊，渐渐黯淡、消失。于是在晨光未上的一个清早，风带着露水的潮润，在渴睡着的草丛落叶间，低低催唤。这时候，我们这幽魂，已经抹下了末几个脚印，停在路口，撇下他末一次的回顾。远近纵横的大路小路上，还有留剩的脚印么？还有依恋不舍的什么吗？这种依恋的心境，已经没有归着。以前为了留恋着的脚印，夜夜在星月下彷徨，现在只剩下无可流连的空虚，无所归着的忆念。记起的只是一点儿忆念。忆念着的什么，已经轻烟一般的消散了。悄悄长叹一声，好，脚印收完了，上阎王处注册罢。

全文清丽婉转，超凡脱俗，于清幽处寻得人生真谛。杨绛这篇上乘的佳作，让朱自清先生赞不绝口，他将此文推荐给《大公报·文艺副刊》的编辑沈从文，不久后文章发表，作者署名杨季康，这也是杨绛的处女作，值得她铭记一辈子。

第一次发表文章，杨绛激动的心情久久难以平复，她不停地在心中呐喊：我当作家了！除了精神上的愉悦，还有物质上的奖励，《大公报》给了杨绛五元钱作为稿费，这已不是钱多少的问题，而是一种肯定和认可。有了这小小的一笔钱，杨绛开始琢磨该怎样花，最后决定用四元钱买些毛线，亲手为母亲织一条围巾，剩下一元钱则买了当时有名的天津起士林的咖啡糖。杨绛利用课余时间来织围巾，完工后将这一针一线的心意和咖啡糖一道寄回家。寒假回家时，提及围巾的事，杨绛才得知两个妹妹并未手下留情，已经将围巾拆了，咖啡糖自然也被两个妹妹吃得一块不剩。

杨绛有了文学创作的开端，接下来便一发而不可收。随后，杨绛试着创作短篇小说，原题为“路路，不用愁！”，后改名为“璐璐，不用愁！”，讲述了女主人公璐璐与两个男子小王、汤宓的感情纠葛，两个男子虽然都离开了璐璐，但杨绛以璐璐留学申请成功为结尾，“璐璐笑着，轻轻舒了一口气”，不由得让人充满希望。

这篇短篇小说同样得到朱自清先生的赞许，他将其推荐给《大公报》，随后文章刊登在该报的《文艺副刊》上。后来，杨绛的这篇小说还被林徽因选入《大公报丛刊小说选》一书中。

清华园和文学是杨绛甜甜的梦，她没有凭空妄想些什么，而是无声无息地努力着。若说天才还有其他名字，那大概是勤奋。

第四章 爱在今生不变

时光洪流滚滚向前，爱却如磐石屹立。这份爱于今生萌芽，也将在岁岁年年里扎根，直至生命终章，永不会改变。

邂逅斯人

爱上一个人，无须太多理由，感情是无法骗人的，爱或不爱，旁人无法下定论，唯有自己清楚。多少人分分合合，耗尽了缘分，白白错过了彼此。

杨绛与钱锺书，携手度过了大半生的时光，你中有我，我中有你，难以割舍。很多人常向往白头偕老，只是实现的人很少，而杨绛与钱锺书，历经风风雨雨几十年都未曾离散，直到死亡才使他们分别。

杨绛与同学四人结伴而行，一路向北，来到燕京大学参加入学资格考试。之后，杨绛打算前往清华大学找老朋友蒋恩钿叙叙旧，一同来的孙令衔恰好有一个表兄在清华大学读书，于是杨绛和孙令衔便顺路同去清华大学。

到了清华大学，杨绛和孙令衔各自分开，原本看起来很寻常的事，却悄悄藏着不寻常。此时的杨绛，一心念着的是许久不见的旧友，全然不知一个重要人物即将出现在她的生命中，成为她人生中不可分割的一部分，甚至是大部分。

这些年来，杨绛与蒋恩钿各自求学，此次相见，仿佛又回到了在振华女校的青葱岁月。得知杨绛准备去燕京大学，蒋恩钿不由得好奇她为何不来清华大学，原来同来的朋友皆选择了燕京大学，杨绛便随着大家一起办理了申请手续。蒋恩钿劝杨绛再考虑一下，并向她简单介绍了一下清华大学的情况。

不久，孙令衔去古月堂找杨绛，一同来的还有他的表兄。见面后，孙令衔向表兄介绍道："这是杨季康。"随后又指了指他表兄说道："这是我表兄钱锺书。"互通姓名后，钱锺书与杨绛两个人就此相识。

杨绛在《记钱锺书与〈围城〉》一文中，描述了她对钱锺书的第一印象："我初次见到他，只见他身着青布大褂，脚踏毛布底鞋，戴一副老式眼镜，满身儒雅气质。"重点落在最后——"儒雅气质"，想来钱锺书风度翩翩，不多言不多语，眼神中透着睿智。

钱锺书追忆曾经的似水年华，曾写诗："颉眼容光忆见初，蔷薇新瓣浸醍醐。不知腼洗儿时面，曾取红花和雪无。"他犹记得杨绛红润的脸颊，如春花清雅脱俗，几十年匆匆走过，这仍让他记忆犹新。

对此，杨绛却有另一番解释："锺书的诗好用典故，诗中第四句红花和雪的典故来自北齐崔氏的洗儿歌，说的是春天用白雪、用红花给婴儿洗脸，希望孩子长大后脸色好看。"然而无论杨绛如何打趣钱锺书的诗，他那诗情画意中掩饰不住二人的浓情蜜意。

杨绛与钱锺书都不是大大咧咧的秉性，二人都比较内敛，亦未有过恋爱经历，难免羞涩矜持。然而，金玉良缘天注定，虽然杨绛与钱锺书第一次见面交谈不多，但心中已留下了彼此的影子。

清华一行后，杨绛决定改考清华大学——本就是她最向往的地方，没有理由放弃。蒋恩钿在一旁帮杨绛准备好了清华大学就读的手续，知道杨绛无处安顿，就将自己寝室的床位让与她住，免去了杨绛的诸多烦恼。

这期间，杨绛与钱锺书纷纷向孙令衔打听对方的情况，结果双方都听到了最不愿听到的消息。孙令衔告诉杨绛，钱锺书已经订婚，而告诉钱锺书，杨绛已有男朋友。孙令衔并非有意诓骗他们，而是确有依据。

孙令衔所说的杨绛的男朋友名叫费孝通，与杨绛同在振华女校读书。说到这里或许有些奇怪，一个男生怎么跑去女校读书？1920 年，费孝通一家搬到苏州，他母亲与时任振华女校校长的王季玉是多年好友，因为儿子自幼身体瘦弱，所以她想让儿子去女校读书。即便费孝通并不愿意，但依然敌不过母亲的威严，从而成为振华女校当时唯一的男生。

恰好，费孝通与杨绛同班，品学兼优且相貌出众的杨绛，落在他的眼中，久而久之最初的感情得以萌芽。从振华女校毕业后，两个人又同时考入东吴大学成为校友，在大学期间，杨绛依旧备受欢迎，不乏热切的追求者。

此时，费孝通对她也渐生情愫，不再是简单的好感，甚至有一次，他在向杨绛示好的男生面前大声宣布："我跟杨季康是老同学了，早就跟她认识，你们追她，得走我的门路。"而此后，费孝通开始主动追求杨绛，不知实情的人都误以为他们二人已经开始交往，这也是为何孙令衔会说杨绛已有男朋友。但无论外界怎么说，杨绛始终未曾承认过他们的关系。

至于钱锺书已有婚约的事，也并非确切消息。孙令衔有一个远房的姑妈，这位姑妈有一养女，名为叶崇范。姑妈十分青睐钱锺书的学识和人品，便有意将养女许配给他，钱家对此事也很赞同，只是从始至终，钱锺书都持反对态度。这已然不再是旧社会，"父母之命"的旧式婚姻已开始瓦解，钱锺书的婚姻岂能由他人的意愿左右？

其中的误会，钱锺书并不知情，但自从与杨绛有过一面之缘，他的心便有了归属。虽然钱锺书听闻杨绛已有男朋友，但仍想当面告诉她自己的想法。于是，钱锺书写信给杨绛，约她来工字厅见面。

有趣的是，见面后的第一句话，钱锺书说的是“我没有订婚”，而杨绛说的是“我没有男朋友”。两句简单的话，让真相大白，消除了之前的误会，他们的爱情也由此开始。

曾有人问杨绛，与钱锺书是否一见钟情。杨绛如此回答：“人世间也许有一见倾心之事，但我无此经历。”事实上，在与钱锺书见面之前，杨绛已听闻他的大名。好友蒋恩钿时常写信给她，信中常会提及钱锺书这位才子，而且全是赞美之词。

钱锺书的确担得起“才子”的名号。当时，钱锺书报考清华大学外文系，中、英文两科成绩优异，但数学仅有十五分，按照录取要求，他是无缘清华大学的，但校长罗家伦对他十分欣赏，便破格录取了他。入学后的钱锺书没有辜负校长的厚爱，他的学业名列前茅，文章纵横捭阖，受到一众老师赏识，很多老师甚至将他引为朋友，时常与他讨论课题，没有老师与学生之分。如此俊才，哪怕是只出现在信纸上，都足以让杨绛心生崇拜。

吴宓教授称赞钱锺书：“自古人才难得，出类拔萃、卓尔不群的人才尤为不易得，当今文史方面的杰出人才，在老一辈中要推陈寅恪先生，在年轻一辈中要推钱锺书，他们都是人中之龙。”

钱锺书的一个同学饶余威曾感叹道：“同学中，我们受钱锺书的影响最大。钱锺书的中、英文造诣很深，他又精于哲学及心理学，终日博览中西新旧书籍，最怪的是他上课时从不记笔记，只带一本和课堂无关的闲书，一面听讲，一面看自己的书，但考试时总是第一。他自己喜欢读书，也鼓励别人读书。”

若说有缘，怕是有封建迷信的嫌疑，若说没缘，那又如何解释杨绛与钱锺书之前的相遇？早在许多年前，从京城搬回老家时，杨绛的父母便曾带着她去钱锺书家看房子，那时的杨绛与钱锺书岂能想到若干年后，他们又在另一处重逢？

命运安排得巧妙绝伦，表面上波澜不惊，稀松平常，暗地里却藏着剪不断的情丝。正是遇到了钱锺书，杨绛才体会到心动的感觉，与钱锺书交往，是她今生唯一一段感情。她从始至终爱着钱锺书，与其携手到老，真令人艳羡。

连杨绛的家人都说：“阿季的脚下拴着月下老人的红丝呢，所以心心念念只想考清华。”杨绛与钱锺书可谓天作之合，从一个起点兜兜转转，最终还是遇到了彼此。

缘分，可遇不可求。

浓情蜜意

许多年以后，杨绛与钱锺书早已结婚生子，从爱情之中又生长出浓厚的亲情，无论日月轮回多少次，夫妻俩的感情一如当年甜蜜恩爱。

有一次，杨绛去国外访问，家里只有钱锺书与女儿钱瑗，女儿忍不住好奇地问道："爸爸，咱俩最'哥们儿'了，你倒说说，你是个近视眼，怎么一眼相中妈妈的？"如此私密的问题，怕是只有小孩子才能问得如此天真。

钱锺书认真地答道："我觉得你妈妈与众不同。"得了这么个答案，钱瑗并不满意，继续问道："怎么个与众不同？"钱锺书却不说话，自顾自地笑着。

杨绛到底如何与众不同呢？他没有说，却不妨碍旁观者揣摩，人们也一致认为，杨绛是与众不同的。

自从消除了"男朋友"和"未婚妻"误会后，杨绛与钱锺书开始频繁地书信往来。起初，落在纸上的内容多与他们各自在看的书有关，你来我往，可谓君子之交淡如水。二人书信中的内容没有热闹与喧嚣，只有两颗越贴越近的心。

之前，听说钱锺书与叶小姐有婚约，杨绛私下认为，那个淘气的叶小姐并不适合文弱的钱先生。叶小姐曾就读丁启明小学，杨绛的大姐和三姐与她相识，回家免不了提起有关叶小姐的事。从大姐和三姐的口中，杨绛知道叶小姐虽然相貌不俗，但十分淘气，时常惹祸。叶小姐饭量极大，一顿饭可以吃下好多东西，因此还得了“饭桶”的绰号。此外，叶小姐还经常会打扮成男孩子的样子，偷偷跑出学校，骑着自行车四处游荡闲逛，何时玩到尽兴何时才返校。杨绛自是与叶小姐大不相同，因此杨绛和钱锺书才更合适。

热恋时，钱锺书几乎每天都会给杨绛写信，或长或短，从不缺席。薄薄的信笺寄托着浓情厚意，是悄无声息的告白，也是化不开的思念。那时候，清华大学院内就有邮筒，寄信很方便，而且信会直接送到宿舍，收信也方便。

杨绛知道，无论她此刻在做些什么，只要回到宿舍，便会有一封独属于她的信安静地等候着她，由她展开，细细品读。这份确信和兴奋，让杨绛了解到自己的感情，她是爱上钱锺书了。

这就是爱情吧。他想她，念她，不分时间和地点，无须提醒，自然而然地又想她了。

钱锺书写信很勤快，杨绛却与他正好相反，她极少回信，被问及原因，只是说不爱写信。她如此说，钱锺书便不再多问，完全尊重她的意愿，不过心里总会有些抱怨。在钱锺书创作《围城》时，书中的人物唐晓芙随了杨绛的脾气，也是不爱写信，可见，他嘴上虽然没有抗议，心里还是会介意。

写信只是联络感情的一种方式，除此之外，杨绛与钱锺书还会相约在校园内随意走走。最初的时候，两个人还未熟络起来，所以不会与其他情侣一样，走约会常去的小路，而是选择宽敞的地方。

杨绛与钱锺书不缓不急地走着，轻声笑语间，聊着彼此都感兴趣的话题，如此平静而美好，不质疑过往，不畏惧将来，只享受着眼前的欢愉。与钱锺书在一起，杨绛是放松的，自在的，她必然喜欢这种感觉。

清华大学女生宿舍名叫“古月堂”，月色渐浓时，常会有男生立于楼前，他们不约而同地在等候自己的女朋友，清华的男生说“去古月堂走走”，意思就是去约会。几十年前的清华就已经出现男多女少的情况，女生自然受宠。古月堂没有会客室，男生只能站在门口，春夏秋冬始终如此，还不能有任何怨言，否则可是会惹女生不高兴的。

那些立于门前的男生中，便有钱锺书的身影，遥想当年，他也站在那里，望向古月堂的门口，盼着与心爱的姑娘见面。无数次，杨绛走出古月堂，如同第一次相见时的情景，一出门便看见了他。

既然爱了，就义无反顾，随后两个人郑重其事地确立了恋爱关系。他与她都是一丝不苟的人，尤其是对待感情，谨慎为先，而一旦确定是这个人，便不会再动摇。

对杨绛痴心不改的费孝通，得知杨绛成为钱锺书的女朋友后，赶到清华大学找杨绛，约她谈一谈，杨绛不好推辞，便叫上两个同学一起赴约。

费孝通固执地认为，他才是杨绛的最佳选择，问杨绛：“我们做个朋友可以吗？”费孝通不过是爱上一个不爱自己的人，想要最后一搏罢了。

杨绛一字一顿地回复他：“朋友，可以，但是朋友是目的，不是过渡；换句话说你并不是我的男朋友，我也不是你的女朋友。若要照你现在的说法，我们不妨绝交。”

感情的世界里容不下半点儿三心二意，也没有左右摇摆的余地。

杨绛与费孝通并没有就此老死不相往来，而是始终保持着朋友关系。一次，中国社会科学家访美，钱锺书和费孝通不但同行，还被安排到一个套间里，熟识后成了朋友。钱锺书每天雷打不动地写日记，为的是以后与杨绛见面时交给她。费孝通知道他的打算后，主动提供邮票，让他寄给杨绛。

当时光老去，再提及这段往事时，钱锺书与费孝通都当作是年轻时的趣事，内心已无波澜。毕竟，他们彼此清楚杨绛最爱的到底是谁。

钱锺书过世之后，费孝通还曾特意拜访杨绛。她送他下楼，轻轻地说了一句："楼梯不好走，你以后也不要'知难而上'了。"杨绛相信费孝通是聪明人，自然能够领会她的言外之意。

许久之后，出版社计划出版一套名家的散文集，其中包括钱锺书、杨绛和费孝通的文集，费孝通得知此事，不由得感慨道："历史真是妙！"

从十几岁时，杨绛便与费孝通结识，大半个世纪过后，曾经的爱恨纠葛，都随着时间变淡，留下一丝印迹，若是彼此不提，恐怕也很难记起。他们三个都是通情达理之人，心胸亦开阔，无论何种结局都欣然接受，绝不互相勉强，彼此叨扰。

那时他们三人年少轻狂，口无遮拦；彼时年老迟暮，心静如水。敬往事一杯清酒，有那段过往就已经足够了，毕竟有好故事可以说，他们亦都圆满。

小吵怡情

恋爱之中，吵架在所难免，你一言我一语，争执不休，彼此不及时控制的话，事态便会升级，甚至以分手告终。

两个人即使吵架，也要切记控制好各自的情绪，心平气和地就事论事，以沟通的方式解决问题。只可惜，能够理智应对吵架的人很少，大多数人则是大吵大闹，最后不欢而散，即便和好也伤害了彼此的感情。

爱需要修炼，这是一种大智慧。

杨绛在清华大学借读，并在第二学期获得东吴大学的毕业文凭，还得了金钥匙奖。然而，即便一切顺利无阻，却无法抹去杨绛心头的遗憾，那就是她没能在清华大学读本科，与清华大学外文系鼎盛一时的盛况擦肩。机缘如此，总归木已成舟，她无法再回头。

实际上，杨绛能来清华大学借读，也算是稍微弥补了一下遗憾。在清华的这一年，她倍加珍惜这好不容易得来的光阴，在选课方面十分慎重，如蒋廷黻的“西洋政治史”、浦薛凤的“政治经济史”，还有温源宁的“英国浪漫诗人”等，都是当时颇具权威的科目，她从中汲取养分，充实着自己。

温源宁亦是钱锺书的老师，钱锺书与杨绛谈恋爱的事，他也知道。一次，在他的测验上，杨绛竟交了白卷，这让温源宁十分不满。相比来看，钱锺书是他的得意门生，钱锺书的女朋友却交白卷，于是，温源宁对钱锺书说道：“Pretty girl（漂亮女孩）往往没头脑。”

钱锺书听了这番言论，没有与老师争论，也没有辩解。他对杨绛的感情牢不可破，谁叫他偏爱这个姑娘呢？温源宁对杨绛的评价为时过早，她可不是没头脑的女孩，她独立，有主见，这一点在对她自己的人生规划上体现得格外明显。

一年的时间，杨绛在清华的借读生活结束了，她走到人生的岔路口处，又到了做选择题的时候。钱锺书认为，不如再补习一段时间，考取清华大学研究院，如此一来，他们还可以有一年的同学时光。杨绛也正有此意。

在杨绛准备报考清华大学研究院期间，钱锺书向杨绛提出订婚的请求，奈何被杨绛拒绝了。她是爱他的，也愿意与他共度今生，只是她并不希望这么匆忙。她在写给钱锺书的信中做了解释，认为她正在积极备考，清华大学四年本科所学的知识都要一一补齐。钱锺书尊重她的想法，愿意继续等下去，等她同意的那一天。

从清华离校后，杨绛回到苏州，在亲戚的介绍下，来到一所小学做教员。她原本以为小学教员是一份轻松的工作，可以有大把的时间用来补习功课，而且每月有一百二十元钱的薪酬，算得上是不错的待遇，是许多人梦寐以求的工作。

然而，正式入职后，杨绛才发觉是自己太天真，这并不是简单清闲的工作。她从来没有做过老师，没有任何工作经验，因此事事都要从头学起。正所谓万事开头难，她也只好打起精神。好在，学校有图书馆，她安顿好一切，便跑去看书了。但凡她认为值得一看的书，都看了一遍。

每天的工作繁重，杨绛承受着巨大的压力，能够安心补习功课的时间十分有限，所以她萌生了第二年再报考清华大学研究院的念头。得知她有意推后一年再考，钱锺书极力反对，他并不认为这是明智之举。因为遭到他的反对，杨绛冷落了他好长时间，甚至让钱锺书以为她要了断彼此的感情。这可伤透了钱锺书的心，愁绪无处安放，他便通通写进了诗中，用“辛酸一把泪千行”来描绘自己的处境。这段时间，他写了不少诗，全逃不开苦情，后来还发表了这些诗。

纵然杨绛冷漠相对，钱锺书也没有就此放手，一直坚持给她写信，一封信接着一封信，可以说字字含泪，终于打动了杨绛，二人重归于好。其实，虽然杨绛没有主动与他联络，心里仍挂念着他，不理他，只不过是一时气恼罢了。

即便如钱锺书、杨绛这般睿智的人，谈起恋爱仍旧会磕磕绊绊，这实属正常。恋爱之中若是没有争吵，恐怕也不合情理，小吵怡情，正是在小吵小闹中，他们越发清晰地了解到自己对这份感情的重视程度，从中慢慢学会珍惜。

真正有担当的人，不会因一时冲动而轻易放弃一段感情。真正爱你的人，更不会因一时头脑发热而随便对你说再见。如今在你身边的人，自称爱你的人，是否真的担得起“爱”这个字，唯有自行判断。

杨绛确信，她爱钱锺书，一如钱锺书爱她。确定好自己的心意，她邀请钱锺书来家中拜见父母。收到杨绛的邀请，钱锺书赶往苏州。

钱锺书来到杨家，拜见了未来的岳父杨荫杭，二人便交谈起来。杨绛十分在意父亲对钱锺书的印象，便向父亲询问，父亲的回答很简短——“人是高明的”。寥寥几个字，便无其他的话，杨绛明白，父亲是为他们的生活担心，毕竟钱锺书尚未毕业，到底能否撑起一个家庭，这让她父亲心存疑虑。

离开杨家，钱锺书立马邀请杨荫杭的两位好友做他们的媒人，不久便正式上门提亲。杨荫杭能看出钱锺书的一片痴心，尽管对他们今后的生活有所担心，但还是同意了他们的婚事。或许父亲清楚，比起稳定的物质生活，他的女儿更倾心于这个男人。

父母爱子心切，总为子女做长远考虑，他们看重物质保障，却并非因为爱财，只是不愿心爱的女儿去受一丁点儿的苦。我们总后知后觉，常常要等到一定的年纪才能彻底体会父母的良苦用心。

得到父母的应允，杨绛与钱锺书开始准备举行订婚仪式。在此之前，钱锺书的父亲又亲自带着钱锺书登门拜访杨家，正式求亲，并请来男女两家都熟识的亲友做媒，随后在苏州某饭馆设宴款待双方的至亲好友，至此，杨绛与钱锺书完成了订婚仪式。

杨绛回忆说："五六十年代的青年，或许不知'订婚'为何事。他们'谈恋爱'或'搞对象'到双方同心同意，就是'肯定了'。我们那时候，结婚之前还多一道'订婚'礼。而默存和我的'订婚'，说来更是滑稽。明明是我们自己认识的，明明是我把默存介绍给我爸爸，爸爸很赏识他，不就是'肯定了'吗？可是我们还颠颠倒倒遵循'父母之命，媒妁之言'。默存由他父亲带来见我爸爸，正式求亲，然后请出男女两家都熟识的亲友作男家女家的媒人，然后，（因我爸爸生病，诸事从简）在苏州某饭馆摆酒宴请两家的至亲好友，男女分席。我茫然全不记得'订'是怎么'订'的，只知道从此我是默存的'未婚妻'了。那晚，钱穆先生也在座，参与了这个订婚礼。"

杨绛喜欢叫他默存，这是他的字；钱锺书喜欢叫杨绛季康，这是她的名。或许在钱锺书心中，"季康"便是世上最美的情诗。

订婚宴上，钱锺书的家人第一次见到杨绛，用钱锺书父亲的话说，杨绛“实获我心”。其实，杨绛不知道，钱锺书的父亲早就看过她与钱锺书往来的信件，其中在杨绛写给钱锺书的信中，有这样一句：“‘毋友不如己者’，我的朋友个个比我强。”这句话让钱父格外欣赏，从字里行间他能够看出杨绛与一般女子不同，值得儿子托付真心。

钱父十分中意杨绛，还曾专门写信给她，直截了当地说，将钱锺书彻底交付给她了，他很放心。收到信，杨绛一时不知该如何是好，该怎样回信呢？她便向钱锺书征求意见，钱锺书只说不用回了。

心意笃定

当前路通向未知时，大多数人会善变和犹疑，直到某个人出现，哪怕同样是面对不可预知的未来，他却能够确定自己的心意，不彷徨，不迷茫，坚定而执着。

钱锺书，便是让杨绛得以确定心意的那个人。余生漫长，四处潜伏着挫折和磨难，有钱锺书在身边，生活的酸甜苦辣皆值得细细品尝。

订婚仪式完成，杨绛返回北京，继续在清华念研究生，钱锺书则前往上海。他在私立光华大学担任外文系讲师，同时兼任国文系教员。为了共同的将来，他们不得不选择分隔两地，这加重了彼此的相思之情。

这时，叶公超先生托赵萝蕤邀请杨绛到家中做客，并请赵萝蕤作陪。杨绛心想，或许是叶先生想要见一见钱锺书的未婚妻吧，于是欣然前往。叶先生十分热情周到，饱餐一顿，杨绛与叶先生便熟识起来。

下一次见面时，叶公超先生拿出一册英文刊物，让杨绛翻译其中一篇政论《共产主义是不可避免的吗？》，说是《新月》需要。杨绛勉强答应下来。政治学虽然是她大学时学的专业课，但她本身对政论并不感兴趣，面对如此晦涩难懂又沉闷刻板的政论文章，她着实不知该如何下手。

杨绛猜想，这或许是叶先生对钱锺书的未婚妻的一次考验吧，所以不能不接受。想要读懂这篇政论已属困难，更不要说去翻译，但杨绛不是知难而退的人，最后还是完成了翻译。对自己的作品，杨绛并无多少自信，甚至是毫无自信，叶先生看过后却说很好，并在不久后将杨绛翻译的文章刊登在《新月》上。这是杨绛第一次翻译作品，能够得到肯定并刊登，让她很欣慰。

杨绛热爱文学创作，钱锺书更是如此，处在恋爱中的两个人，更是有说不完的情话。1934 年，钱锺书将他写给杨绛的情诗以及与她的唱和诗作整理一番，出版了他们人生中的第一本诗集——《中书君诗》，这是杨绛与钱锺书的爱情见证，凝聚着他对她至死方休的爱。

出版《中书君诗》这本诗集，完全是由钱锺书自费印刷的，数量不多，只赠予亲近的一众师友，所以诗集尤其珍贵。作为钱锺书与杨绛共同的老师——吴宓先生自然得了一本，为此，吴宓先生还特意赋诗一首——《赋赠钱君锺书即题〈中书君诗〉初刊》：“才情学识谁兼具，新旧中西子竟通。大器能成由早慧，人谋有补赖天工。源深顾赵传家业，气胜苏黄振国风。悲剧终场吾事了，交期两世许心同。”

恋爱中的男女，能否从对方身上得到安全感，两个人能否坦诚相待，这两点直接关系到感情的稳定程度。安全感，是两个人笃信彼此心意相通，确信自己被对方放在心上。坦诚，指彼此没有隐瞒，真心以对。

杨绛与钱锺书，完全做到了以上两点。其实这并不困难，一个人面对心爱的人，一心只想着倾尽所有，讨他欢心，怎舍得他在感情世界中诚惶诚恐、患得患失？

写信是杨绛与钱锺书沟通感情的桥梁，通过一封封信笺，他们越来越贴近彼此的内心世界。正是因为两个人无法天天腻在一起，所以彼此要在信纸上袒露一切。信的内容五花八门，心情是好是坏，最近看了哪些有意义的书，发生了哪些有趣的事，都一一落在纸上，任何一件小事都想让对方知道，都值得与对方分享。

在信的落款处，钱锺书总能变出花样。他最常用“奏章”一词，大概是将杨绛视作陛下，而他有要事禀告吧。这个词用得好，每次都能让杨绛发笑，她心中又添了几分甜蜜。钱锺书的幽默还不止于此，有一次他在信中以“门内角落”自称，这让杨绛纳闷许久，左思右想皆想不透其中的含义，便写信向钱锺书寻求解释。原来，“门内”指的是“money”，中文是“钱”的意思，至于“角落”则指的是“clock”，中文是“钟”，杨绛这才恍然大悟。钱氏幽默总是这般不经意博得美人一笑。

1934 年春节，钱锺书自毕业后第一次回到母校，当然是为了看望杨绛。在清华读书的几年间，他的时间和精力大部分花费在了做学问上面，钱锺书难得出门，更不要说去北京的各景点闲逛，若不是班级组织了一次集体出游，去了一趟香山和颐和园，恐怕他直到毕业都没游玩过北京。与钱锺书的“宅”相比，杨绛来北京的第一年就已经走遍了北京有名的景点，尤其是那些历史悠久的名胜古迹，她都一一探访，乐此不疲。

此次与杨绛相会，自是要让她开心满足，钱锺书陪着她逛了好几个地方。对钱锺书来讲，景色并无多少吸引人之处，真正让他依依不舍的，是与杨绛肩并肩、手牵手的时光。

钱锺书还特意为此次出行赋诗道：“分飞劳燕原同命，异处参商亦共天。自是欢娱常苦短，游仙七日已千年。”杨绛唱和道：“久坐槛生暖，忘言意转深。明朝即长路，惜取此时心。”

二人难得相聚，转眼又要分别，钱锺书与杨绛在一起，总觉得阳光都格外明媚。钱锺书舍不得与她分开，可又没有办法，还没等到真正作别的时候，心里就已经开始不由自主地期盼下一次见面。

情人之间，最怕说再见。

1935 年春天，钱锺书为期两年的社会工作实践即将完成，按照计划，他将报考中英庚款留学考试，争取出国深造的机会。当时，有 200 多人报名考试，但招收名额只有 25 个。钱锺书报考的专业是英国文学，只招收一人，可想而知，竞争相当激烈。

当时，年纪轻轻的钱锺书在文学圈已经有了一定声望，许多人知道他报考了英国文学专业，纷纷放弃了这次机会，等于说考试还没开始，他便打败了为数不少的“敌人”。最终，钱锺书取得 87.55 分的优异成绩，不出意外地获得了这个宝贵的名额。优秀的人总是容易引起别人的关注，当时的主考官是中英庚款董事会董事长朱家骅，钱锺书的卓越让他印象深刻，朱家骅十分欣赏钱锺书。顺利通过考试，出国就成了眼前的事，钱锺书与杨绛的计划是同去，相互有个照应，最主要的是，他们不用再忍受长时间、长距离的相思之苦了。那时，杨绛在清华大学研究院的学业还没有完成，以最快的速度来计算，她最早也要到第二年才能毕业。考虑再三，杨绛决定办理休学。她宁愿耽误自己的学业，也不想耽误钱锺书的前途。

两个人心甘情愿地为彼此付出，不问值不值得，爱是全部的理由和希望。

但愿每一个为爱义无反顾的人，都能以真心换到真心，不会被辜负。

终成眷属

天底下最幸福的事情是什么？莫过于两情相悦，莫过于情定今生，莫过于白头偕老。

若说该与一个什么样的人为伴，我想，最重要的是，彼此相爱的人。两个人有了爱，再谈其他；若是没有爱，其他皆可免谈。

或许，在浮躁的社会中，谈论爱情是一件奢侈的事情，真爱便显得十分可贵，若有人提及真爱，怕一些人已经不相信了。纸醉金迷的氛围中，爱情与太多无关的东西牵扯在一起，让人们渐渐遗忘了爱情的本来面貌。

真爱已等同于奇迹，心与心的交换日渐沦为物与物的交换，没有物质却大谈爱情，似乎显得人很愚蠢，可是大家别忘了，爱情本就是独立的。

与钱锺书一同出国的决定，是杨绛深思熟虑的结果，她不但要休学，而且面临经济上的压力。因为她没有申请任何奖学金，也没有参加任何相关考试，摆在杨绛面前的路只有一条，就是自费。没有费用上的支持，但她并非一个人去承担所有，她还有钱锺书可以依靠。休学手续办妥，杨绛准备立刻回家，匆忙间根本来不及提前写信通知父母，便登上了回家的船。那天，父亲正好在家休息，准备睡午觉时，突然感觉女儿已经回家了似的，便走到妻子的房间，往里望了望，问妻子："阿季呢？"妻子被他的问题搞蒙了，不由得回他一句："哪来的阿季？"父亲不甘心，继续追问："她不是今天回来吗？"妻子反问道："这会儿怎么会回来？"

父亲想了想，这才意识到，女儿不曾说过要回来，一时间竟有些伤感，没再说什么，转身回到房间准备午睡。没过多久，被父亲盼着的杨绛就进了家门，欢天喜地地放下行李，第一件事便是去和父亲打招呼。看着冲进来的杨绛，父亲赶忙坐起来，开心地说："哦，这不是回来了吗？！"

父与女，心连心，果真如此。

问候了父母一番，杨绛将她准备与钱锺书一同出国留学的事详细地说给了父母听，对此，父母表示支持。之前就曾有出国深造的机会，可惜她放弃了，如今再次靠近理想，说什么也要把握住，若是这次再错过了，这辈子恐怕很难再有第三次。

杨绛知道，父母即便不舍，仍会大力支持她的选择。但是，父亲母亲都已年迈，兄弟姐妹也在各地工作、学习，她这次远渡重洋，定是无法照顾父母的，况且平常就很难团聚一次，此次一别，更是不知何时才能团聚。曾经热闹的庙堂巷，如今已再难见当时的景象，家中冷冷清清，更让杨绛感到难过。父亲与母亲知道女儿在担心他们，便不停宽慰她，让她尽管安心，无须挂念他们。杨绛了解父母矛盾的心情，他们不舍得女儿离开，却又支持女儿奔向更光明的未来。

临行前，杨绛与钱锺书要完成人生中一场重要的仪式，那就是结婚典礼。

良辰吉日是 1935 年 7 月 13 日（阴历六月十三日），钱家与杨家都办婚礼。女儿出嫁是头等大事，杨家早早就开始忙里忙外地布置，张灯结彩甚是喜庆，亲朋好友纷纷赶来道喜，热闹非凡。

按照当地风俗，在婚礼之前，家中为杨绛举办了“小姐宴”，就是在出嫁之前，即将成为新娘的姑娘会邀请自己的好姐妹来参加酒席，一切由女方父母操办，但他们并不参加。以这种方式，为姐妹送别，意在与独身生活告别，开始迎接自己的家庭生活。

7 月 11 日的晚上，杨绛的姐妹、朋友围坐在一起，喜庆之中夹杂着些许伤感。成家的代价，是要离开父母的怀抱，今后杨绛在女儿的身份之外，多了一个妻子的身份，这也就意味着，嫁到钱家后，她要独自经营生活，不能再似从前那般，任性地在父母的怀中撒娇。大家都在为杨绛的喜事开心，她却一言不发，独自沉默着。

后来，这个场景多次出现在杨绛的脑海中，每每忆及“小姐宴”，她对父母的思念就会格外浓烈。

几天后，便是杨绛与钱锺书结婚的日子。在钱父的主持下，婚礼正式开始。伴郎是孙令衔，他的身份可不一般，既是钱锺书的亲戚，又是杨绛的同学，最重要的还是这对新婚夫妇的媒人。伴娘是杨绛的七妹，站在姐姐身侧，陪伴着她步入婚姻的殿堂。

他们的婚礼可谓中西合璧：有婚礼进行曲，也有夫妻对拜；有交换婚戒的环节，也有结婚证书盖章的程序；有洋气的婚纱，也有古典的礼服。总之，西式与中式相搭配，构成了这场与众不同的婚礼。

婚礼当天，除了新郎与新娘，最惹人注目的便是杨绛的三姑母杨荫榆。那天，杨荫榆身穿一条白夏布的衣裙，脚穿一双白皮鞋，如此纯白的衣服，不由得让人想起吊丧的装扮。她以这身打扮出现在结婚典礼上，难免让人感到诧异。不过，杨绛倒是知道三姑母并非有意，三姑母平日里工作繁忙，许多年不曾添置新衣，断然不是故意让自己难堪。

结婚是件劳心劳力的事情，尤其是个体力活儿，新人要忙着招待宾客，四处转圈，一刻不得闲。单是一套婚礼仪式完成，就足以让人喊累了。

杨绛后来回忆说：“结婚穿黑色礼服、白硬领圈给汗水浸得又黄又软的那位新郎，不是别人，正是钱锺书自己。因为我们结婚的黄道吉日是一年里最热的日子。我们的结婚照上，新人、伴娘、提花篮的女孩子、提纱的男孩子，一个个都像刚被警察拿获的扒手。”钱锺书辛苦，杨绛也不轻闲，被厚重的婚纱包裹着，她从头到脚都在淌着汗珠。尽管如此，他们还要咬牙坚持着，偶尔四目相对，含情脉脉，竟将疲惫忘了。

奔波于两处的婚礼，让这对新婚的小夫妻透支了体力，二人一同病倒了。到了“双回门”的日子，杨绛与钱锺书却因身体不适没能如约返家，原本已备好酒菜的母亲，换来一场空欢喜，失望之余，更是担心女儿的身体。十天后，杨绛在小姑子的陪伴下回到娘家。当时，钱锺书正在接受出国前的培训，所以未能与妻子一同回家，只好由钱锺书的妹妹代劳。

杨绛当时岂能知道，这竟是她最后一次与母亲相聚。此后，每当回想起那最后的温存时刻，她的胸口便堵着满满的伤心和遗憾。坐上火车后，杨绛恨不得再跑回家，与父母多待些时候，他们的嘱咐，她还没有听够，还要再听。

可是，她能做的只是安静地坐在那里，任由内心汹涌澎湃。

杨绛与钱锺书拜过了天地，从此结为夫妻，荣辱与共，肝胆相照。有一次，杨绛读到这样一段话，是英国传记作家对最理想的婚姻的概括：“我见到她之前，从未想到要结婚；我娶了她几十年，从未后悔娶她；也未想过要娶别的女人。”杨绛觉得这话甚好，便念给丈夫听。

钱锺书毫不犹豫地说道：“我和他一样。”杨绛跟着说道：“我也一样。”

正如胡河清所说：“钱锺书、杨绛伉俪，可说是中国当代文学中的一双名剑。钱锺书如英气流动之雄剑，常常出匣自鸣，语惊天下；杨绛则如青光含藏之雌剑，大智若愚，不显锋刃。”

世人常说的天作之合，大概就是杨绛与钱锺书的样子吧。

第五章 携手闯荡天涯

常言“彩云易散”，乌云也何尝能永远占领天空。乌云蔽天的岁月是不堪回首的，可是停留在我记忆里不易磨灭的，倒是那一道含蕴着光和热的金边。

英伦印象

有一个地方，遥远、陌生，即便如此，只要有可以依靠的人在身边，遥远与陌生通通不是问题。两个人携手并肩，面对再大的风浪也一起去闯，再大的磨难也一起去扛，又有何畏惧？况且，生活中存在更多的不是烦闷，而是喜悦。

去往英国的轮船，载着杨绛与钱锺书乘风破浪，越发靠近梦想的同时，他们也离家越发遥远，直到模糊了视线，再也望不清楚。

那时，交通不便，从中国到英国，足足要走上一个多月。虽路途遥远颠簸，好在心爱的人就在一旁，就不会觉得累，心意相通的两个人依偎在一起，谈天说地，畅所欲言，话题可以关于各自的少年回忆，关于共同热爱的文学，关于未来的生活，彼此之间有说不完的话，绝对不会无聊。

志同道合的乐趣，新婚宴尔的甜蜜，让旅途的每一天都如此快乐。世人总说爱情的力量如何如何，没有真正体会过其中滋味的人，真的很难理解这是一种怎样的快乐。

在船上的这些日子，是他们第一次在一起生活如此之久，两个人并不在同一个船舱，但一点儿不妨碍两个人腻在一起。

恋爱与生活总有诸多不同，真的生活在一起，杨绛慢慢发现，眼前这位颇有名气的学者，真的如他自己所说的那样笨手笨脚。或许很难想象，鼎鼎有名的青年才俊，竟然不会系鞋带的蝴蝶扣，分不清鞋子的左右脚，用起筷子来也是很别扭，这与平日里他的精英形象大有出入。做学问，毫无疑问他是拔尖儿的人，但应对日常生活，却是个孩子。

发现这样明显的对比，杨绛没有丝毫嫌弃，反而更坚定了照顾他的信念。与他一起奔赴异国他乡，绝对是正确的选择，幸亏有她在身边，否则她真的担心他无法照顾好自己。虽说杨绛下了决心，但实际上，她又何尝不是被呵护长大的娇小姐，家里的活计哪里用她操劳。今后，两个同样什么都不会做的成年人，是要相依为命了。

远赴英伦，钱锺书的行李中，除了书还是书，这是他的命，他走到哪儿都不能落下。他对书的喜爱近乎狂热，但凡遇到喜欢的书，他十有八九要收入囊中。在船上，钱锺书甚至随身带着约翰逊博士的字典，闲来无事时，两个人便坐在一起翻看字典——原来翻看字典也是一种乐趣。

夫妻俩抵达英国，首先去的是伦敦。还未踏上这片热土时，他们俩便十分向往伦敦，曾在书中领略过它的景色和故事，如今置身其中，当然少不了小住几日。在他俩之前，钱锺书的堂弟钱锺韩、二弟钱锺纬已来伦敦留学，兄弟几人久别重逢，况且是在远离家乡的地方，激动之情更是溢于言表。钱锺书特此作诗一首——《伦敦晤文武二弟》：“见我自乡至，欣如汝返乡。看频疑梦寐，语杂问家常。既及尊亲辈，不遗婢仆行。青春堪结伴，归计未须忙。”

堂弟钱锺韩、钱锺纬先是带领他们二人去大英博物馆参观，又去了当地著名的几个画廊，随后，心满意足的夫妇二人决定前往牛津大学办理入学手续。因为钱锺书是通过考试来的，所以入学事宜已经全部办妥，无须再多操心，他将以公费的待遇，进入埃克塞特学院，攻读文学学士学位。与他的悠闲不同，杨绛是自费，许多事情需要她逐一办理。杨绛原本计划攻读文学方向的专业，但被告知名额已满，思来想去，只好选择历史。麻烦的是，学校并不提供住宿，她还得自寻安身之处。

杨绛曾说："假如我上清华大学外文系本科，假如我选修了戏剧课，说不定我也能写出一个小剧本来，说不定系主任会把我做培养对象呢。但是我的兴趣不在戏剧而在小说。那时候我年纪小，不懂得造化弄人，只觉得很不服气。既然我无缘公费出国，我就和锺书一同出国，借他的光，可省些生活费。"

世上没有假如一说，她虽没能如愿，但并不影响人生的精彩。

两个人初来乍到，周围的环境十分陌生，也十分新鲜。来牛津不久，钱锺书就损失了大半颗门牙，杨绛回忆说："他初到牛津，就吻了牛津的地，磕掉大半个门牙。他是一人出门的，下公共汽车未及站稳，车就开了。他脸朝地摔一大跤。那时我们在老金家做房客。同寓除了我们夫妇，还有住单身房的两位房客，一姓林，一姓曾，都是到牛津访问的医学专家。锺书摔了跤，自己又走回来，用大手绢捂着嘴。手绢上全是鲜血，抖开手绢，落下半枚断牙，满口鲜血。我急得不知怎样能把断牙续上。幸同寓都是医生。他们教我陪锺书赶快找牙医，拔去断牙，然后再镶假牙。"

这场小意外，真叫人哭笑不得，杨绛一边心疼，一边打趣说是"好戏"。

千里迢迢来到牛津，怎能错过这里的图书馆，杨绛与钱锺书对图书馆的热爱如出一辙。他们所就读的学校，拥有世界一流的图书馆——博德利图书馆，他俩还给它起了个名字，叫作“饱蠹楼”。博德利图书馆与清华大学的图书馆相比，藏书更加丰富，不但有大量的外国经典，还有很多中文的文献资料，这让他俩乐开了花。

在牛津大学的两年中，杨绛与钱锺书不但完成了全部课程，还在图书馆中充实着自己。他们涉猎范围极广，除了心爱的文学作品，也会翻阅哲学、心理学、历史等方面的书籍。通过日积月累地埋头苦读，杨绛的外文阅读能力得到了极大提高，她的文学功底也日益精进，这段时光为她的写作生涯打下了坚实的基础。

牛津大学给自费生发有一件黑色的背心，背后有两条黑色的飘带，给有奖学金的学生发的是长袍。钱锺书作为庚子赔款留学生，在牛津，却属于国家付钱的“自费生”（Commoner），也拥有这么一件黑色背心，时常穿着它去上课。在这里，大多学生是自费生，所以很容易便可以看见穿着黑色背心的学生。杨绛不忍心向父亲要钱缴纳昂贵的学费，便只能做旁听生，自然与黑色背心无缘。

其实，望着自成一道风景线的学生，她很是羡慕，所以钱锺书的黑色背心成了她的宝贝，被她精心保管着，在她心中，这便是牛津大学的象征。2003 年，国家博物馆正在筹备百年留学历史的文物展，杨绛不仅提供了当时与南洋公学留学生的合影，还慷慨地拿出了这件黑色背心。即便是经历了不少动荡的岁月，它一如当初，丝毫不显得破旧。最后，这件背心在国家博物馆安了家。

根据牛津大学的规定，凡在这里上学的学生，每周需要在学校的食堂里吃饭四五次，为的是证明自己确实在学校住校，并且没有长时间离开这里。因为这条规定，许多同学笑言说，吃饭比上课来得重要。学校的饭菜没有什么不好，只是比较贵，单单算伙食费的话，也是不小的负担。好在因为钱锺书是带家眷来的，所以他每周在食堂用餐的次数比较少，省下不少开支。

两个人从中国跋山涉水来到英国，彼此依靠，相互照顾，明明是两个人，却慢慢变成一个整体，不分你我，心向着同一个地方努力，眼向着同一个方向眺望。

背井离乡的苦，远不及相依相守的甜。此后，还有更多美好的时光等待着他们，他们只需要耐心等候。

天定姻缘

夫妻与恋人的相处模式，自然大有不同。两个人谈恋爱，可以不食人间烟火，但是过日子不行，柴米油盐酱醋茶，哪一样都需要操心，可谓琐碎繁多。

不过，他们忙归忙，但生活也充满乐趣。杨绛与钱锺书终于组建起自己的小家庭，大事小情全凭他们自己做主，操持一个家的满足感，也由此而生。

对杨绛而言，留学生活是惬意的，她有大把的时间可以自由支配，这是她从前未曾有过的特权。她与丈夫住宿的地方会提供每日四餐，也会定时打扫房间，最主要的是，因为她只是旁听生，所以没有固定的课程安排，自主性极大。

时间富余，并不代表她会无所事事。她热爱文学，自认为有诸多欠缺之处，为了弥补不足，她将需要阅读的书籍罗列下来，制订出一张阅读表，然后一本接着一本读下去。她在图书馆中占了一个固定的位子，但凡有时间便坐在那里看书，还不忘做笔记。来图书馆读书的人并不多，安静的氛围最适合读书，想看的书近在咫尺，杨绛觉得特别幸福。

学习之外，便是恩爱有加的小夫妻生活。

每天，这对小夫妻会趁着没事的时候出去走走，他们称之为“探险”。英国这个地方，从前只出现在书中，如今有机会站在这片土地上，杨绛与钱锺书自然耐不住性子想要去四处游逛，说不准在哪个地方就会有新奇的发现。他们带着热情，去探索寻觅未知的快乐，也别有一番情趣。

在英国，下午茶是生活中必不可少的一部分。初来英国，他们对英国的茶品并不了解，便有热心的同学指导一番，至今杨绛仍记得那些细节：“先把茶壶温过，每人用满满一茶匙茶叶，你一匙，我一匙，他一匙，也给茶壶一满匙。四人喝茶用五匙茶叶，三人用四匙。开水可一次次加，茶总够浓。”

习惯成自然，慢慢地，钱锺书习惯了每天从一杯牛奶红茶开始一整天的生活。回国后，很难再买到那种常喝的印度红茶，杨绛便自己试着制作。她将三种红茶搭配在一起，制成了一种新的口味。时光走得越远，英国的味道便越浓厚，总能让她回忆起当时的种种。

夫妻二人所住的金家，提供的伙食还算不错，但钱锺书一直吃不惯，饭量便小了下来，人也跟着消瘦了许多，杨绛看在眼里，默默着急。一段时间后，杨绛感觉饭菜的味道大不如之前，而且几口人住在一起难免不方便，她便盘算着单独租一间房子，不和他人同住。

对于杨绛的想法，钱锺书起初并不赞同，认为杨绛不会做饭，两个人贸然搬出去，或许会带来不少麻烦。不过杨绛既有了这个打算，便决心实施，开始关注报纸上的租房信息。虽说想要搬出去住，但杨绛并不打算随意将就，各方面的条件都要考虑在内。

一天傍晚，又到了“探险”的时候，夫妻二人路过一个高级社区，杨绛偶然看到一个招租的广告，当时并没有上前仔细浏览，等下次再想看的时候，却不见了踪影。杨绛不免有些不甘心，于是便鼓起勇气准备登门询问情况。房子的主人是达蕾女士，她带领杨绛上楼看了一下房间，杨绛决定就住这里。

他们租下了二楼的房子，共有两个房间，并带有一个宽敞的阳台，从这里向外望，可以看见绿油油的草地和五彩缤纷的花园，美景尽收眼底。唯一不足的是，这里条件有些简陋，需要靠电炉取暖，做饭要靠电灶，厨房窄小，不过这都不成问题，至少在这里，他们可以不用再和其他人共用厕所和浴室，离学校也很近，已经算是相当完美了。

搬来后的第一个黎明，钱锺书早早就起床了，为还在熟睡的妻子准备了早餐，温柔地端到她面前，有黄油、果酱、蜂蜜，颇为丰盛。他的这一举动让杨绛备受感动，这个自称笨手笨脚的男人，心思还是蛮细腻的。

这一天开始，两个人真正的家庭生活开始了。

红烧肉是钱锺书格外喜欢吃的一道菜，之前他们没有自己的厨房，别人做什么饭他们就只能吃什么饭，毫无自主权，如今有了自己的厨房，当然要烧菜尝尝。杨绛是半点儿都不会，钱锺书只好向其他中国留学生寻求帮助，实际上大家都不算懂，所以只好边做边琢磨。第一次做的时候，两个人格外小心翼翼，在锅旁守着，汤煮干了就再加水，因为当时英国还没有做红烧肉需要的生姜和酱油，最后的成品以失败告终，不仅味道欠佳，肉甚至都嚼不烂。

经过摸索，杨绛想到家中做这道菜时的细节，所以第二次的味道还算可以，很受钱锺书的喜爱，他吃得津津有味，这让杨绛感到骄傲，原来当家庭主妇的感觉还不错。聪明的杨绛，在实践中逐渐掌握了许多窍门，从红烧肉起步，随后又做出了很多菜。

第一次做虾的时候，因为在家的时候见家人做过，杨绛便很有信心，像是很有经验似的，告诉钱锺书："得剪掉须须和脚。"然而刚剪一下，原本攥在手里的虾猛地抽搐了一下，吓得她大惊失色，扔下剪子和虾就跑远了。钱锺书看到惊魂未定的杨绛，不由得问她怎么回事，她便老实答道：“虾，我一剪，痛得抽抽了，以后咱们不吃了吧！”

原来，两个人只要用心，家庭生活并没有想象中那样难。即便是毫无经验的二人，也大可以从中摸索，不断总结经验教训，日积月累，哪有什么事是办不到的？离开父母，独自经营生活的两个人，正是需要不怕尝试的勇气，他们从前不会做的事情，但凡迈出了第一步，总有会做的那一天。

在牛津的第一年，杨绛不但适应了新的生活，从中体验到快乐，还积累下许多知识，每一天都过得很充实。可以说，这一年是她一生之中最轻松快乐的一年，日后想起时，她心里总是满满的幸福感。

学期结束，迎来了假期，他们受邀担任“世界青年大会”的代表，去瑞士日内瓦开会。随后，他们去了巴黎，经过详细咨询，了解到巴黎大学没有强制住校的规定，而且有学习经历的要求，所以决定注册巴黎大学。

放假前，杨绛嘱托房东留一个条件稍好些的房子。他们从巴黎返回后，达蕾女士果真满足了杨绛的要求。搬到新房之后，杨绛负责一日三餐，成了标准的家庭主妇，钱锺书也会做她的助手，不让她一个人操劳。经济并不宽裕，杨绛便勤俭持家，日子也算过得有滋有味。

做饭的重任落在杨绛的肩上。她有时也会埋怨几句，觉得做饭很麻烦，还浪费时间，曾妄想说要是可以不用吃饭就好了。钱锺书很心疼妻子，甚至试图通过服用“辟谷”的方子来免去吃饭的程序，只是奈何饭还是省不了的。

婚姻是什么？就是两个相爱的人，朝夕相伴，一起吃很多顿饭，一起走很多路，一起解决很多问题……总之，就是一起做很多事情，并相互理解包容。

爱的结晶

生命的意义需要传承，子女则是父母爱情的结晶，也是他们生命的延续。

一天，杨绛发现自己怀孕了，这意味着两口之家即将变成三口之家，她与丈夫也即将为人父母。这让年轻的两个人既充满期待，又格外紧张，今后他们肩上的担子就更重了。

两个人曾十分好奇孩子会是男孩还是女孩，钱锺书曾对杨绛说："我不要儿子，我要女儿——只要一个，像你的。"杨绛听了只是抿着嘴笑。她也希望是个女儿，不过不要像自己，而是希望女儿像钱锺书。大抵是在自己眼中，对方才是最无可挑剔的人吧。

孕育生命不是件简单的事，怀胎十月，有说不出的辛苦。肚子里有一个小生命，杨绛时刻小心着，唯恐对胎儿不利。原本以为即便怀有身孕，生活依旧不会有太大改变，然而事实证明，她太天真。她害喜很严重，想专心看一会儿书，根本做不到。

钱锺书是一位体贴的丈夫，对妻子的照顾无微不至。杨绛曾是干家务的主要劳动力，如今他便将大部分事情揽了下来，让她可以安心养胎。他陪她去牛津妇产医院做检查，早早预订好产房，并恳请院长推荐技术一流的医生。院长本以为东方人会要求医生的性别，便问他是否一定要女医生，钱锺书的回答却是："要最好的。"最后确定由斯班斯医生为杨绛接生。

宝贝的预产期是在乔治六世加冕大典前后，如果真的出生于这一天，便会被称为"加冕日娃娃"，在英国，这被视作一种荣幸。杨绛与钱锺书对此并不感兴趣，肚子里的孩子也很沉得住气。几天后的清晨，杨绛有了分娩的迹象，钱锺书很冷静地带着妻子来到医院。

到了医院，阵痛有所缓解，杨绛悠闲地看起书来，吃过下午茶，仍旧没有动静。漫长地等待后，终于要临盆了，但即便她使出全身的力气，孩子就是不出来，为了确保母亲与孩子的安全，医生只好给她打了麻醉，进行人工助产，一番辛苦，女儿终于来到这个世界上。然而孩子出生后，浑身青紫，始终没有哭声，护士赶忙不停地拍打孩子的身体，孩子这才发出了洪亮的哭声。护士给这个中国娃娃起了个名字，叫"Miss Sing High"，意为"高歌小姐"。

杨绛醒来时，只觉得浑浑噩噩，肚皮已经瘪了下去，感觉浑身都疼，一动不敢动，只好乖乖躺着。此刻，她真正体会到了母亲的不易。见她醒了过来，护士赶忙问她，为什么明明很疼她却没有叫一声呢。杨绛还很虚弱，轻轻说道："叫了喊了还是疼呀。"确实，喊得再大声该疼还是疼，而且浪费体力，但真的生产时，又有几个人能忍住不叫不喊呢？

麻醉的时间有限，药效消退后，疼痛难忍，可苦了这位新晋妈妈。新晋爸爸同样辛苦，生产那一天，他来来回回折腾了四次，好不容易孩子生了下来，医院却不允许看孩子，他只好无奈地走来走去。

等了许久，护士将孩子抱了出来，特意让钱锺书看了几眼，他兴奋极了，端详着怀中的婴儿，开心地说："这是我的女儿，我喜欢的。”后来，祖父给孩子起名为健汝，号丽英。但孩子的父母并不喜欢，便重新起了名字，叫钱瑗，小名圆圆，也叫阿圆。

在中国，生下孩子后，母亲是需要坐月子的，但在西方，并没有这个讲究。因为杨绛身体不好，在医院连着住了三个多星期，这才出院，也算是坐了月子。因为远在异国，双方父母远在天边，没办法手把手教他们怎样带孩子，两个什么都不懂的人就在医院跟着护士学习，最后无论是换尿布、洗澡，还是喂奶，都有板有眼，堪称专业。

阿圆是夫妻俩今生唯一的孩子，他们坚持一个孩子就好。钱锺书曾对妻子说：“假如我们再生一个孩子，说不定比阿圆好，我们就要喜欢那个孩子，那么我们怎么对得起阿圆呢？”中国父母为数众多，能够有他这样觉悟的人，却少之又少。我们难以评判对错，但若是真的如他所说，生两个孩子会有所比较，从而有所偏袒的话，那么对那个不受宠爱的孩子，无疑有着触摸不到却真实存在的伤害。

在杨绛还未出院时，钱锺书自己一个人在家，可谓状况百出。一旦有情况出现，他便会向妻子汇报，无一例外会以“我做坏事了”开头，比如“我做坏事了，打翻了墨水瓶，把房东家的桌布染了”“我做坏事了，把台灯弄坏了”“我做坏事了，门轴两头的球掉了一个，门关不上了”……

杨绛听罢，只说一句“不要紧”，便可轻易缓解丈夫的不安。在他看来，只要妻子说了“不要紧”，那就一定不要紧，无须再多担心。等杨绛回家后，桌布又焕然一新，台灯也照常工作了，门也修好了，所有问题都一一解决好，轻易摆平了所有状况。

有一次，他额骨上长了个疔，很长时间都没能好，杨绛便对他说：“不要紧，我会给你治。”然后，她从护士那里学会了热敷疗法，每隔几小时便敷一次，几天之后，果然好了，甚至都没有留下丁点儿痕迹。从此，“不要紧”这三个字变成了他的定心丸，这是他对妻子的信任和依赖。

从医院回到自己家，两个人齐心协力抚养阿圆。当时，正值钱锺书准备论文答辩的时候，时间紧迫，任务繁重，但是，他仍会抽出时间照顾妻子和孩子。甚至，他还会亲自下厨，为娘儿俩熬制鸡汤。鸡肉归他，汤归杨绛，杨绛则归阿圆，一家三口吃得美美的。体贴用心的丈夫，让杨绛的心里暖暖的。

钱锺书一边伺候杨绛坐月子，一边准备论文答辩，最终顺利完成学业，获得牛津大学的学位。钱锺书有妻子，有女儿，也完成了学业，至此，他的人生似乎已经圆满了。

走到人生的某个节点上，必然要适应身份的转变，杨绛从母亲的女儿，到女儿的母亲，不但称呼有所变化，责任同样大有不同。钱锺书与杨绛为人父、为人母，辛苦却幸福。

为梦辗转

年轻人有说不完的烦恼，或许是书读得太少而想得太多。

完成牛津大学的学业，夫妻俩便动身前往巴黎，去巴黎大学继续逐梦。

那时，阿圆刚过了百天，个头小小的，身体肉乎乎的，特别惹人喜爱。在伦敦的车上，一位乘客夸赞她为“a china baby”，既可以理解为“一个中国娃娃”，也可以理解为“一个瓷娃娃”，不管是哪一个，都让杨绛十分开心。就连检查行李安全的海关人员都抵挡不住她的可爱，稍加检查，便为这一家办理了通过手续。

一路颠簸，杨绛细致入微地照顾着阿圆，从始至终都是她在抱孩子——丈夫笨手笨脚，她生怕他出差错，也怕阿圆不舒服。好在一路顺利，他们有了阿圆得了不少优待，漫长的路途显得分外轻快。

经过一番车马劳顿，终于抵达法国，一家人很快安顿下来。他们落脚的公寓位于市中心，车站就在附近，交通便捷。房东太太是咖淑夫人，已退休在家，是个善良的人。她每天为房客提供三餐，菜品丰盛且价格实惠。然而，正是由于饭菜丰盛，所以上菜时间会很长，一顿饭吃下来起码要两个小时，这对杨绛和钱锺书来说，无疑是备受煎熬的事情，他们不愿将宝贵的时间耗费在吃饭上面。所幸租住的房间自带厨房，两个人便决定自己动手，丰衣足食。

告别了伦敦，他们在时尚之都巴黎的生活就此开始。当时，巴黎市区有不少华人活动，他们常会遇到东方面孔，有时还会遇到熟人。时间久了，夫妻俩也结识了不少新朋友，平日里往来甚密，犹如亲人一般相互扶持。

其中一些家庭同样有孩子，他们选择将孩子送到托儿所，以此空出学习的时间。朋友常劝杨绛，让她也将阿圆送去，孩子到了那里，凡事都要讲规矩，比如吃饭、喝水、睡觉都有明确的规定。杨绛听了，并不觉得这样有多好。杨绛心疼孩子，不舍得将阿圆送到托儿所，还是自己带孩子比较安心。

公寓中，有一个公务员的太太，工作清闲，她的丈夫平时不在家，她也没有自己的孩子，生活十分悠闲。这位太太十分喜欢阿圆，但凡见面总要抱抱孩子，而且抱起来就往往不舍得再放手，时常将阿圆带回自己家，哄着阿圆玩耍。阿圆跟她在一起时，不哭不闹，似乎也很喜欢这位太太。当杨绛和钱锺书都有事要忙而抽不开身时，这位太太便帮忙照看阿圆，让夫妻俩很省心。为了表示感谢，杨绛也会付些报酬给她。

巴黎大学同牛津大学一样，历史悠久，身负盛名。在这里，学习相对宽松，无须按照学校的要求来上课，因此夫妻俩为自己制订了专属的课程表，学习法文是其中重要一项，他们会翻阅法文书籍，有时还会去旧书市场淘书。

一年的时间中，杨绛与钱锺书阅书无数，加之生活在这里，对法国乃至欧洲的文化有了深刻的认识。尤其在语言及文学方面，他们广泛阅读书籍，从不去限定阅读范围，而是不拘一格，随意翻阅。对文学的热爱激励着杨绛发奋，她珍惜每一寸光阴，珍惜每一次阅读和交谈的机会，以此更多地了解欧洲文化的内涵。他们陪伴着彼此，一同成长，一起读诗和背诗，只要是好诗，一概背诵下来，不断积累。

在国内念书时，杨绛就已经发表过几篇文章，这大大激发了她的创作热情。如今远在海外，她一边刻苦读书，一边广泛阅读，也继续着自己的写作。《阴》是她在巴黎大学时写下的一篇散文，清雅娟秀，透着她的气质——“烟有影子，云有影子。烟的影子太稀薄，没阴。大晴天，几团云浮过，立刻印下几块黑影，来不及有阴，云又过去了。整片的浓云，蒙住了太阳，够点燃一天半天的阴，够笼罩整片的地，整片的海。于是天好像给塞没了。晦霾中，草像凄恻，树像落寞，山锁着幽郁，海压着愤恨，城市都没在烟尘里，回不过气的样子，沉闷得叫人发狂，却又不让发狂，重重的镇住在沉闷里，像那棵树，落寞地裹在一重皮壳里，像那草，乏弱得没有了自己，只觉得凄恻。不过浓阴不能持久，立刻会变成狂风大雨。”

来到巴黎，曾经热衷的“探险”活动仍在继续，他们手挽着手，穿梭于巴黎的大街小巷之间。有时，看到不同的房子，他们就会去猜里面住着什么样的人，有怎样的故事，看到来来往往的行人，就猜一猜行人的身份，从哪里来又要去往哪里。这是夫妻俩的小游戏，即便玩的次数多了，依旧有很多乐趣。

有其父母必有其女，刚刚才能坐稳的阿圆，便会拿着一本厚厚的书坐着，不哭不闹，能坐很久，若是给她一支笔，她就在书上随意写画。阿圆也喜欢书，即便看不懂，也喜欢和书待在一起，这一点与她的爸爸妈妈真是像极了。有时大人看书，她会抢着要看，有时也会在一旁自己玩，是一个懂事听话的孩子。

从房东太太那里，杨绛学会了做“出血牛肉”，还喂阿圆吃带血的肉，阿圆竟很愿意吃，也很适应西式的饭菜，每顿饭都吃得很香，杨绛说阿圆“很快地从一个小动物长成一个小人儿”。阿圆的手脚小小的，白白胖胖的，身体很结实。她有很多地方长得像爸爸，旁人一眼便能认出是谁的女儿。钱锺书爱极了自己的女儿，时常用充满爱意的眼神盯着她看，止不住想亲亲自己的宝贝。

曾经的探险小队是两个人，如今一转眼，又多了一个小家伙。一家三口时常出去溜达溜达，呼吸一下新鲜空气，去探索这个世界。

在钱锺书心中，女儿是自己的女儿最好，妻子是自己的妻子最好，他得了这一大一小的两个宝贝，堪称世界上最幸福的人。

第六章 那个动荡的年代

年轻的时候，人以为不读书不足以了解人生，直到后来才发现如果不了解人生，是读不懂书的。读书的意义大概就是用生活所感去读书，用读书所得去生活吧。

丧母之痛

与家人远隔万水千山，彼此的境况难以及时了解，对方自然很是挂念。杨绛思乡心切，时常往家里写信，询问家人的近况，时不时也能收到回信，还能稍微宽慰一下。一封封信笺漂洋过海，经过许多时日才能来到彼此手中，轻飘飘的信纸上寄托着沉甸甸的思念。

自从阿圆降生，杨绛就没有收到家里的回信，这不免让她心生忧虑。后来，她从报纸上得到消息，原来国内多地都已沦陷，其中就有她的家乡。报纸上的字眼刺痛了她的心脏，她不由得更加担心亲人的安危，可动荡的时局中，想要取得联络谈何容易，这让她整颗心都悬了起来。

杨绛在焦虑中度过了一天又一天，终于盼来了三姐的信，三姐告诉她父亲已经带着家人辗转来到上海，叮嘱她要安心读书。在这之前，大姐曾来过信，大致说了一下家里的情况，但杨绛好奇为什么没有提及母亲。敏感的她一再询问，却没人理会她的问题。直到许多天后，大姐才吐露实情，原来母亲在逃难途中去世了。

杨绛望着信上的内容，只觉得撕心裂肺地疼。她不愿相信这是真的，眼泪止不住地往下淌。她还有太多没来得及做的事情，阿圆还未见过外婆，杨绛积攒了太多关于自己做母亲的感动，如今却没法说给她母亲听了。

养儿才知父母恩，杨绛已经知道了，母亲却先离开了。杨绛难以扛下这样的打击，茶饭不思，以泪洗面，在悲伤中不能自已。钱锺书就静静地陪在她身边，想方设法地安慰她，看着她如此伤感，他也很难过。

后来，杨绛说："我曾写过《回忆我的父亲》和《回忆我的姑母》，我很奇怪，怎么没写《回忆我的母亲》呢？大概因为接触较少。小时候妈妈难得有工夫照顾我。而且我总觉得，妈妈只疼大弟弟，不喜欢我，我脾气不好。女佣们都说：'四小姐最难伺候。'"

母亲在杨绛心中，为人"忠厚老实，绝不敏捷"，杨绛回忆说："如果受了欺侮，她往往并不感觉，事后才明白，'哦，她（或他）在笑我'，或'哦，他（或她）在骂我'。但是她从不计较，不久都忘了。她心胸宽大，不念旧恶，所以能和任何人都友好相处，一辈子没一个冤家。"

杨绛在文章的末尾，语气平缓，说了一句："我们的妈妈从此没有了。"然而，我们却从这平静的语气中，读出了杨绛内心的汹涌澎湃。

直到回国，杨绛才了解母亲去世的前后过程。母亲去世的前一年，苏州第一次遭到日军空袭，炮火纷飞，浓烟滚滚。那时，父亲、母亲还有大姐和小妹在家，因为杨家的宅子比较大，估计日军以为是政府要地，便在上空不断盘旋，重点打击。不得已之下，家人只能四处找地方躲藏，可想而知情况之危急。

战争让人们成了逃亡者，在逃难时，一家人都泻肚子，好不容易来到苏州香山躲了起来。第二年秋天，母亲感染了恶性疟疾，本不是大病，但兵荒马乱的情况下，根本无法得到有效治疗，高烧持续不退，最终没能熬过去。

为了让妻子有个安身之处，父亲杨荫杭用几担白米换来一具棺材，忍着伤悲将妻子入殓安葬。下葬那天，飘着细雨，混着杨家人的眼泪，冲刷着这个悲哀的世界。这里没有属于杨家的墓地，只能临时借用，没有墓碑，父亲就在周围但凡能写字的地方，都写上了母亲的名字，每一笔都承载着他的哀思与不舍。

数十年的夫妻缘分，曾经越美好，如今活着的人就越煎熬。

从年少到花甲，时间匆匆而过，父亲留下满鬓白发和满地心碎。父亲不忍心留妻子一个人在这里，全家人便回到苏州老家，眼前的一切又勾起了大家的心伤，满目疮痍，竟找不到半点儿往日的影子。

得知家人处于危险之中，杨绛与钱锺书决定立即回国。他们在巴黎的生活学习都很顺利，而且钱锺书的奖学金还有一年，原本他们可以留在法国继续过安稳日子，但是，任何事都比不上与家人共患难重要。

打定主意，他们开始着手买回国的船票，奈何很难买到，只好四处拜托朋友帮忙，最后是里昂大学为他们买到了票。

同杨家一样，钱家也不得不辗转奔波于各地，最后在亲戚家住了下来，暂避战乱。战争一日没有停息，百姓就难有一天安稳生活。回国前，钱锺书便已开始联系国内的老师和同学，希望能够找一份养家糊口的工作，最终决定去西南联合大学做外文系的教授。

抗日战争爆发后，北京大学、清华大学、南开大学三所大学千里迢迢向南迁移，在昆明组成“西南联合大学”。留学归来的人，一般需要由讲师做起，慢慢升至教授，西南联合大学看重钱锺书的才学，直接任命他为教授。钱锺书每月有三百元的薪水，这在当时可谓高收入。既能施展自己的才华，又能保障一家三口的生活，他欣然应允。

当时，放眼全中国，上海被称为“孤岛”，拥有暂时的安全，但谁也说不准哪一日便沦陷了。杨绛的父亲正在上海，她格外想念父亲，担忧他的身体，所以决定去探望父亲，从而不得不与钱锺书兵分两路。

坐在回国的船上，杨绛与钱锺书不由得感慨万千，三年前与三年后的光景，竟有如此之大的差别。他们来的时候，是一对新婚夫妇，满怀对未来的憧憬和向往，而回去的时候，是一家三口，多了一个可爱的女儿，杨绛与钱锺书却无心再谈天说地，心里装着的全是因战争而起的烦闷情绪。

临行前，杨绛为阿圆准备了一些简单的乳制品和辅食，但他们上船之后才发现，船上物资极度匮乏，只能勉强果腹，实在谈不上可口。杨绛与钱锺书自然能将就，但阿圆刚刚断奶，却要跟着遭罪。在船上的日子，阿圆只有土豆泥可以吃，原本准备的食物根本无法维持这一路，下船时，原本胖乎乎的阿圆已经瘦了好多，杨绛心中难过，却只能叹气。

抵达香港，钱锺书便上岸了。他必须从香港经过海防去往云南昆明。还留在船上的杨绛，望着渐渐远去的丈夫，心中五味杂陈。结婚后，这是他们二人第一次分开，她担心丈夫，也担心父亲，可如今的大环境之下，她只能先顾及一方。阿圆还小，还看不懂这残酷的现实，算是一种幸运吧。

山河飘零

日军大肆侵犯我中华领土，屠杀我万众百姓，中华民族置身于地狱之中。

钱锺书赋诗《哀望》："白骨堆山满白城，败亡鬼哭亦吞声。孰知重死胜轻死，纵卜他生惜此生。身即化灰尚赍恨，天为积气本无情。艾芝玉石归同尽，哀望江南赋不成。"中华大地上，痛哭声、哀叹声交织在一起，谱写了一首悲歌。

杨绛带着阿圆抵达上海，钱锺书的弟弟接她们回到钱锺书的叔叔家。钱锺书的叔叔和钱锺书的父亲是双胞胎，杨绛称呼他为小叔叔。钱家所住的几间房子得来实属不易。四处硝烟弥漫，上海成为暂时的避难所，全国各地的人蜂拥而至，家家户户需要置办房子，房子也就成了抢手货。

轰鸣的炮火让人时刻难安，还未遭到弹药洗礼的上海，吸引着越来越多的人不顾一切地奔向它。上海如同孤岛一般，但也只是暂时幸存，不知何时轰炸机就会出现在上空。人们的担心并非多余，不久后，上海遭到日本全面侵略，日军来袭，只有英、美、法等西方国家在上海的公共租界相对安全。

就在这处处潜藏着危机的时刻，杨绛心系父亲，一刻不愿停留，在钱家住了一晚，第二天便带着阿圆赶往父亲的住处。当时，父亲住在三姐家，恰巧那天三姐在医院分娩。见到父亲的那一刻，杨绛百感交集。看着苍老的父亲，她心疼极了，沧海桑田，一切都不似从前。

自从杨绛的母亲去世，父亲一直在服用安眠药，精神欠佳。但与女儿重逢的喜悦，让他很舒心，还见到了外孙女，父亲更是笑逐颜开。分别许久的父女俩有千言万语要说，父亲紧紧拉着女儿的手，端详着可爱的阿圆，好久没有这样高兴了。

为了方便杨绛和阿圆常住下来，父亲出去租了个房子。如此一来，杨绛便带着女儿和父亲住在一起，她们每日陪伴着父亲，弥补着欠缺的亲情。不过，杨绛知道，她现在不单是父亲的女儿，也是钱家的儿媳妇，总归不能一去不返，所以她就两边跑，各住几天。

直到 1941 年，钱锺书从昆明回到上海，杨绛便与他在钱家常住下来。钱家的几间房子并不算大，住在这里的人却不少，三代人一起生活在这狭小的空间里，也无可奈何。

在钱家，杨绛不再是杨家的娇小姐，而是钱家的儿媳妇，她肩上的担子一时间重了许多。她需要照顾一家老小，还要照看阿圆，忙里忙外，着实很辛苦。平日里因为少有共同话题，所以杨绛与大家很少聊天，人多的时候不说话难免会有些尴尬，她就找来一台缝纫机，给丈夫和女儿做衣服。

实际上，杨绛最想做的事莫过于安静地看看书，但她又担心大家会觉得她在故作姿态，自以为留过学就不将别人放在眼里。为了避免出现不和谐的情况，她只好放弃自己的兴趣。有时候，她很想和丈夫好好聊聊天，但如此简单的心愿也很难实现。

杨绛在钱家的表现是有目共睹的，她相夫教子，温柔贤惠。上到公婆，下到孩子，都喜欢她，婶婶更是夸赞道："上得厅堂，下得厨房；入水能游，出水能跳；盐钵头里的蛆——咸蛆（贤妻）也！"杨绛自然担得起这份赞美。她用心操持着这个家，付出终究是有回报的。

杨绛刚到钱家时，钱家最初的打算是让她留在家中，像传统妇女那样，照顾好丈夫和孩子，不要外出工作。这样的要求自然是杨绛无法接受的，她肯定有别于普通的家庭主妇。杨绛的父亲说："钱家倒很奢侈，我花这么多心血培养的女儿就给你们钱家当不要工钱的老妈子！"

恐慌和不安萦绕在人们的心头，喜乐安详已经是太过遥远的事情。偶尔，杨绛、钱锺书和阿圆也会有小快乐。

有一天，厨房不知怎么着起了火，先是阿圆惊慌失措地从厨房里跑出来，大叫着："娘！娘！不好了！快快快，快，快，快！"紧接着是钱锺书的叫喊声："娘！快快快快快！"杨绛听到呼喊声后赶忙去灭火，这时，在一旁观看的父女俩，恐惧早就不见了，取而代之的是"快活地嘻嘻哈哈"。

身材娇小的杨绛反而成了丈夫和女儿的守护神，无论他们闯了什么祸，都有杨绛在后面替他们收拾利索。对钱锺书与阿圆来说，自己的妻子和母亲是无所不能的。苦闷的日子里，阿圆成了家人的开心果。当阿圆学说话的时候，周围的语言氛围可谓十分奇怪：对门的太太说的是法语，爸爸妈妈说的是无锡话，平常与父母往来的朋友说的是普通话，阿圆听得多了，便慢慢学了起来。她对妈妈说的第一句话是"那（外）公说我杜（大）那（额）角楼（头）"，这拼凑起来的句子，让杨绛开怀大笑。

在钱家住了一段时间，杨绛三姨妈家的表姐将霞飞路的房子腾出了一间，让给杨绛父亲和兄弟姐妹住，如此一来，杨绛有了一处安稳的住所，终于可以从钱家搬出来了。脱离大家庭后，摆脱了不少家务活儿，空闲时间便多了起来，后来经人介绍，杨绛开始给一个富商的女儿补课，因为每天都有课程安排，所以便不像之前那样时不时可以去钱家看望一下公婆。

阿圆则交给了自己的父亲，父亲自称“奶公”，阿圆特别愿意和“奶公”在一起，每天都过得非常开心。阿圆可以得到外公精心的照顾，外公可以和外孙女在一起享受天伦之乐，一举两得。杨绛在异国求学三年，觉得自己亏欠父亲太多，尤其是母亲过世后，她更加懊悔不曾早些尽孝心。

如今，照顾了父亲几十年的母亲不在了，杨绛便要代替母亲去照顾父亲。杨绛心思细腻，会带着父亲去理发，购置新衣、新鞋，还时常会买来父亲爱吃的点心。为了弄清楚父亲究竟最爱吃哪种点心，她细心地将各种点心分别装进不同的罐子，然后偷偷留意哪个罐子里的点心吃得最快，这样就能知道父亲最喜欢哪种，随后再多买些回来。她自以为每次都足够小心，没有被父亲察觉，还曾窃喜，殊不知，父亲早已知道这一切。

一次，杨绛为父亲收拾房间时，无意间看到了父亲的日记本，上面明明白白记录着她的小把戏。他没有说破，而是默默感到开心。原来自己所做的一切并非滴水不漏，而是全被父亲看在眼里，真是可爱的父亲，可爱的女儿。

孤岛之上是无处可避的恐慌，但只要一家人在一起，也足以让人稍微心安。无助的时代，多的是妻离子散、家破人亡的悲剧，能够存活下来的人已足够幸运。在不安的世上，家人便是最大的慰藉。

染指世俗

功名利禄，十人有九人想要得到，但欲望是无止境的，生命却是有限的，一生若是只为了名利而活，未免太单调。杨绛是无意做官的，但为了更有意义的事情，当一次官也未尝不可。

一天，杨绛的家中迎来一位旧相识——振华女校的老校长季玉先生。这些年来二人从未谋面，季玉先生突然到访让杨绛颇为意外，杨绛激动地说："怎么敢当让您来看我。"

季玉校长此次前来是有所重托，她眼含热泪，对昔日的学生说："振华，振华，振兴中华！"杨绛被她的情绪感染，但并不清楚恩师想让自己做些什么，自顾自说道："我也许能教一两门课……只半年。"

季玉校长没再多坐，只说今天有事，约定明天详谈，留下地址后便离开了。杨绛有些摸不着头脑，琢磨着或许是振华女校的校友聚会，但去了之后，只见到季玉校长一个人。季玉校长告诉杨绛，董事会有意请她做校长。听到这么个消息，杨绛直言自己做不了，但季玉校长一再坚持，说做也要做，不做也要做。

杨绛向来对做官不感兴趣，一个很大的原因是受父亲影响。这么多年来，她觉得只要不做官，做什么都好。父亲曾在官位上，遇到的不平之事数不胜数，杨绛听从父亲劝告，不做官，哪怕是大学里的系主任都不做，就安心做学问。

但盛情难却，到底要不要去做这个校长，杨绛心里十分纠结，便询问父亲的意见。之前，杨荫杭是振华女校的校董事会成员，了解振华女校的历史，也认可季玉的人品，所以认为此事可做。一番思考后，杨绛决定接受这个任务。

建校需要做的事情又多又杂，杨绛上任时，学校是从零开始的。她需要选择合适的地方，需要甄选任课老师，因为没有任何经验，还有许多需要学习的事情，比如要学着做预算、做薪水，要学会统筹各个老师，制定规章制度形成约束力……所幸，有季玉校长在一旁指点，杨绛上手很快。

不久，季玉校长将振华女校的存折和钤记亲自交给杨绛，嘱咐道："归你全权处理。"交接完毕，季玉校长便离开了，振华女校从这一刻起，要依靠杨绛撑下去。不做则已，做就做到最好，这是杨绛的信念。

1939 年，经过一年筹备，振华女校分校正式招生。学校里的任课老师有些是杨绛的父亲推荐过来的，有些是杨绛自己推荐的，分别负责教授不同的科目，杨绛负责教高三班的英语课。这样，学校的教师队伍就建立起来了。入校的学生有之前的一部分，也有来上海避难的孩子，大家在振华女校分校重拾功课。

人的时间和精力都是有限的，杨绛全身心投入自己的工作中，留给家庭的时间就少了很多。尤其是对女儿，杨绛很难再像从前那样日夜守护在女儿身边，连女儿生病出疹子的时候她都坚守岗位，没能抽出时间照顾女儿。作为母亲，自然心中有愧，但看着振华女校分校步入正轨，杨绛坚信自己的付出是值得的。

半年内，杨绛通过不断摸索，形成了一套高效的管理模式，学校越办越好，这是她最期待看到的结果，也没有辜负季玉校长对她的信任。然而，杨绛累极了，做校长已经耗费了她太多精力，与此同时，她既要承担高三班的英语教学工作，还要给富商的孩子补课，一人分饰多重角色，这让她快吃不消了。

难得有空闲，杨绛就会陪着女儿，给她唱童谣，哄她玩，逗她笑。阿圆可爱极了，三岁的时候，看见“朋”字，就对妈妈说：“这两个‘月’在亲热呢！”杨绛听到后，颇为女儿感到骄傲，小小年纪竟有如此奇妙的想法。钱锺书得知女儿的妙思后，不由得作诗一首：“颖悟如娘创似翁，正来朋字竟能通。方知左氏夸娇女，不数刘家有丑童。”

阿圆也得到了外公杨荫杭的宠爱，杨荫杭对她犹如对小时候的杨绛，甚至有过之而无不及。这些年来，家中兄弟姐妹众多，还从未有人与他同睡一张床，哪怕是战乱的时候，床很大也是杨荫杭一个人睡，如今他的床比单人床稍微大点儿，他却也要和阿圆睡在一起，时刻不愿与阿圆分开。

杨绛的弟弟从维也纳医科大学留学归来，家中变得拥挤起来，杨绛主动提出搬出去住，但父亲舍不得阿圆，对阿圆说：“搬出去，没有外公疼了。”小小的阿圆听了外公的话，一下子哭了起来，伤心极了，一向不轻易落泪的父亲也跟着哽咽起来，一老一小抱在一起痛哭。

杨绛依旧忙于工作，鲜有时间陪着阿圆玩，所以每次她回到家，阿圆就紧紧跟在她的身后，妈妈走到哪儿，阿圆就跟到哪儿。当妈妈坐下来准备工作时，阿圆便知道妈妈暂时是不会陪自己玩的了，不免有些落寞。在阿圆的意识中，是那些本子抢走了妈妈，阿圆一时气不过，还会用小拳头捶打那些试卷。看着女儿的眼泪在眼眶里打转，杨绛的心里也难受极了，可她还是狠下心，继续埋头工作。

阿圆得不到妈妈的陪伴，钱锺书也得不到妻子的陪伴。自从结婚后，两个人一起去到国外，三年的时间从未分开过，如今回到国内，却要日日忍受别离的痛苦。他想念妻子，便常常写信给她，奈何很少收到回信，相思之苦难以解除，他写道："万念如虫竞蚀心，一身如影欲依形。"他想念着她，却见不到她。

1938 年 9 月，钱锺书从昆明回到上海探亲。当时正赶上杨绛为建校四处奔波，看着妻子如此辛苦，他心疼不已，但表示绝对支持。她是雄鹰就应该展翅飞翔，搏击长空，若是待在家里做家庭主妇，未免委屈了她。

有家人鼎力相助，杨绛可以倾心于工作，用她的努力换来崭新的振华。若说有愧，大概是杨绛觉得对阿圆有所亏欠吧，不过相信阿圆懂事后，会理解母亲的选择。

杨绛曾与季玉校长约定以半年为期，一转眼便到了说再见的时候，杨绛给季玉校长写了一封诚恳的辞职信，当时季玉校长正在东山，收到信后立马赶回上海，劝说杨绛再坚持半年，杨绛只好听从老校长的安排，说好暑假就辞职。

又是半年的时间过去，杨绛旧事重提。季玉校长仍不同意，千辛万苦得来的人才，岂能轻易让她离开。但这一次，杨绛十分坚决。她肯定是要走的。双方互不让步，后来杨绛向季玉校长推荐了自己的同学沈淑，沈淑同样很优秀，也答应了来振华女校分校。

暑假时，杨绛召开了董事会，准备就此机会宣布自己辞职的事。但是，季玉校长哪里肯同意，找来几位老前辈，让他们去找杨绛谈话，杨绛只得低头听着，最后还是没能如愿辞职。一次不成，那就两次，杨绛先后找大家谈辞职的事情，最后季玉校长实在没有办法了，便同意了。

校长是杨绛这辈子当过的最大的官，她尽心竭力，兢兢业业，不负他人重托。

学校在她的带领下蒸蒸日上，这其中有她的功劳，但为人谦虚低调的杨绛说："我做小小一个校长，得到一个重要经验，影响我一生。我自知年轻无识，留心在同事间没半分架子，大家相处得很融洽。但是他们和我之间，总有一条不可逾越的界线，我无法融入群众之中。我懂了做'领导'的与群众的'间隔'，下决心：我一辈子在群众中，一辈子是老百姓之一。"

做官并非她所愿，但做出一份成绩是她一贯坚持的原则。

爱有不同

受不同因素影响，每个人的思想观念都不尽相同，甚至是迥然有别。因此，对待同一件事的态度和想法就会有所差异，这往往成为人与人之间争执的源头，有时还会影响彼此的感情。那么，人与人之间岂不是很难相处？

钱锺书好不容易得了机会，从昆明返回上海探亲，时间很短暂，却足以安抚一下相思之情。

回到家后，钱锺书才发现家里已经住不下了。杨荫杭听闻女婿回来的消息，特意叫两个女儿和他挤在一起，这样可以腾出一间房给钱锺书和杨绛住。久别的小夫妻，自然愿意拥有单独相处的房间，积攒了一肚子的悄悄话要说。

虽说住在杨家，但钱锺书每天早上都会赶回钱家向长辈问好。杨绛平时忙得晕头转向，实在抽不开身，钱锺书只好独来独往。一天，他像往常一样回到钱家，但回来的时候，杨绛发觉他的情绪有些低沉，猜到肯定有事发生。原来，钱父想让他到湖南蓝田国立师范学院担任外文系的主任。

早在先前，钱父就帮着好友廖世承建立湖南蓝田国立师范学院，钱父有意让儿子也过来帮忙，同时，自己好有儿子照顾，也不会孤孤单单的。但这只是父亲自己的打算，钱锺书并不想去，如今他在清华大学任教，这是他真心喜欢的工作，校方对他也极为重视，他不愿放弃清华。

虽说心中不愿意，但奈何一家老小都希望钱锺书能按照父亲的安排行事，全家人给他施加压力，他便有些动摇了，于是向妻子征求意见。杨绛的意思是，希望他能尊重自己最真实的想法，自己到底是想去还是不想去，都讲给家人听，让他们了解自己的真实想法。毕竟，每个人都是独立的个体，谁都有权利按照自己的意愿选择。

这件事到底该怎么办，杨绛想知道父亲杨荫杭是怎么想的，但这一次她并没有得到答案，甚至连只言片语都没有。父亲杨荫杭长久沉默着，思考着这个问题，却一言不发。杨荫杭的无言让杨绛也陷入了沉思，不管做什么决定，这都不是一件随意的事情，钱锺书有权利发表自己的看法，至于最后何去何从，钱锺书应该表明自己的立场，若是坚持不去，那么也不能以强硬的态度去反抗钱父。

斟酌许久，钱锺书决定听从妻子的建议，和家人坦白自己的意愿。那天，杨绛陪着他一起回到钱家，准备坦诚地说出自己的想法，然而出乎他们意料的是，他们等来了家中所有人施加的压力。来自家庭的压力让钱锺书彻底妥协了，他最终放弃了自己的主张，顺从父亲的安排。他只能委屈自己，换来家人满意。

杨绛了解丈夫心中苦闷，却又无计可施。在这件事上，她无法像从前那样替他出头，唯一能做的便是宽慰他几句。人生无可奈何之事十有八九，人的确很难违抗命运。

既然接受了父亲的安排，钱锺书便写信给清华大学外语系主任叶公超，说明了自己要辞去工作的事情，但迟迟没有收到回信，随后他便前往蓝田国立师范学院任职。在他启程后，杨绛收到清华大学的电报，问钱锺书为何没有回复梅贻琦校长的电报。杨绛回想了一下，并不记得曾收到过梅校长的电报，不知哪里出了差错。

当时，钱锺书还在赶路，一时半会儿联系不上，杨绛只好第一时间将清华大学的电报转寄给蓝田国立师范学院。钱锺书从上海赶到蓝田国立师范学院，前后用了三十四天，所以耽搁很久才看到清华大学的电报。对此，他感到万分愧疚，忠孝难两全，他自知辜负了母校的期望，但事出有因，他也很无奈。

叶公超先生气愤至极，甚至有一次见到袁同礼时，带着情绪说道："钱锺书这么个骄傲的人，肯在你手下做事啊？"

叶公超先生不肯原谅钱锺书，钱锺书表示理解，毕竟是他自己有错在先，受到母校如此厚待，却没说明白就辞职去了其他学校，换作是谁，怕是也很难谅解钱锺书的做法。

前前后后，钱锺书是比较委屈的那一个，他放弃了自己心仪的工作，还得罪了对自己恩重如山的母校。但转念一想，他好歹顺了父亲的心意，也不算彻头彻尾的委屈。

一个人明明有自己的想法，却得不到肯定，反而被迫接受自己不情愿的事情，这种情况在各种关系中都很常见。人与人相处时，难免会有意见相左的情况出现，你有你的道理，我有我的道理，彼此很难达成统一。这个时候，双方就只能僵持不下吗？

杨绛与钱锺书也曾有过争执不下的时候，那是在出国的轮船上，事情的起因是一个"bon"的读音问题，杨绛说钱锺书的读音是乡村口音，钱锺书不同意，认为杨绛的读音才是错误的，一时间难判对错，谁也不服谁，三言两语后就吵了起来。一向温和的钱锺书甚至说了些过激的话，杨绛也不甘示弱，这原本只是一件小事，却逐渐演变成一场唇枪舌剑。

最后，杨绛找来一位会说英语的法国太太，让她来评判。仔细听过他们俩的读音后，法国太太得出结论，认为杨绛是对的，钱锺书的口音的确存在问题。有了公正评判，争吵才就此结束，然而实际上，这场争吵并没有真正的赢家。

一个人对亲近的人说了那么多伤人的话，岂是能收回便收回的？那些刺耳的话，如同一把把匕首刺向对方的心窝，两个人本该互相取暖，却变成了互相攻击，没有了甜蜜，取而代之的是伤害。

好在杨绛与钱锺书都善于反思，事后他们决定，以后再遇到分歧，可以各执己见，对方不应蛮横地干预，而是允许第二种答案存在。此后，两个人按照约定，凡事都以商量的态度来决定，绝不将自己的想法强加给对方。

人和人一言不合的时候很多，但非得争个高低对错吗？亲人之间、情侣之间、朋友之间，真的有这种必要吗？我们都是有独立思想的个体，阅历不同，难免有不同见解，何必要以争执的方式去对待彼此呢？两个人如果有不同看法，完全可以心平气和地坐下来，慢慢谈。

战火流离

1941 年夏天，钱锺书回上海过暑假，听闻清华大学有意聘他回去，满心期待能早日等来确切的消息。他辞去了蓝田国立师范学院的工作，全心全意为返回清华大学做准备。在杨绛眼中，丈夫对聘书的焦灼等待，已然同痴汉等婆娘一般。只是，许久没有动静，他只得耐着性子继续等。

这一年，日本偷袭了珍珠港，太平洋战争由此爆发，上海这座孤岛也难逃沦陷的厄运。动荡不安的时局中，安稳成了最大的奢望。钱锺书留在上海，与妻女守在一起，不求富贵，但求平静。

从蓝田国立师范学院回来时，经过一路颠簸，钱锺书与往日的形象相差甚远，阿圆见到爸爸，竟然认不出来了，毕竟他们已有两年未见，也难怪阿圆认不出，将自己的爸爸当成了陌生人。阿圆目不转睛地盯着这个“陌生人”，看着他走进妈妈的房间，还把行李箱放在里面，不由得提高了警惕。

晚饭时，阿圆终于按捺不住心中的疑虑，义正词严地对“陌生人”说：“这是我的妈妈，你的妈妈在那边。”这句话让在座的长辈笑弯了腰，尤其是看着她严肃的表情，大家觉得可爱极了。

听到女儿这样说，钱锺书便想逗逗她，问女儿：“我倒问问你，是我先认识你妈妈，还是你先认识的？”阿圆认真地回答他：“自然我先认识，我一生出来就认识妈妈，你是长大了认识的。”一句话又让钱锺书笑了个人仰马翻，他在阿圆耳边说了几句悄悄话，没想到她的态度有了一百八十度大转变，从排斥一下子变得亲密无间，甚至把杨绛都比了下去。至于当时他到底对阿圆说了什么，谁也不知，这成了父女俩的秘密。

生活的重压来自战争，生活的乐趣来自家庭，世道艰辛，所幸他们还有亲爱的人可以依靠。

辞去工作后，钱锺书一直留在家里，杨荫杭此时在震旦女子文理学院从事一份钟点授课的工作，便将此职让给了女婿，让钱锺书赚些养家糊口的钱。来到震旦女子文理学院，钱锺书做了一阵子的钟点教学，后来便被正式聘为教授，直到抗战结束才离开这里。在新的工作环境中，钱锺书与同事陈麟瑞结识，二人并成为不错的朋友，加上两家相距不远，友谊从两个男人延伸到太太之间，两家人往来密切，亲如一家。

不久，杨绛来到一所小学任教，待遇很好，不但有工资，每月还有三斗的白米，虽是些碎米，但比起市面上掺了沙子的米，已算是好多了，而且在时局动乱的年代，粮食是格外宝贵的财富。

虽说并不是毕业于师范类院校，但杨绛胜在用心，自己摸索出一套有效的方法。一年级的孩子是让老师们最头疼的；孩子们刚从家庭走向学校，还不懂得学校的规矩，所以上课总是乱成一团。但杨绛自有办法，三节课后，她就将所有孩子的名字记在了心里，但凡有哪个孩子不听话了，她就直接叫他的名字，这个方法果然好用。

这所小学在日本人的管制之下，即便不愿意与日本人打交道，但为了安身立命，维持生计，除了留在这里继续工作，杨绛没有更好的选择。她上班的路上要经过重重关卡，日军会对来往的行人进行盘查，稍有不慎便会有丧命的危险。钱家距离学校很远，杨绛每天要先乘车到法租界，再步行一段很远的路，穿过法租界，来到另一个区域乘车前往学校。

一天，杨绛在上班的路上，后一段车是有轨电车，通过黄浦江大桥时，因为桥上有日军把守，日军规定只允许空车经过，乘客必须下车步行过桥，而且路过日军把守的岗哨时，还要鞠躬行礼，日军上车检查时，所有人也要站起来鞠躬。

杨绛对此大为不满，那天她站起来时稍微晚了一点儿，日军立即大怒，走到她面前，用食指使劲抬了一下她的下巴。她也恼了，盯着那个日本兵的眼睛，大声嚷道："岂有此理！"这掷地有声的四个字在安静的车厢中飘荡，其他人连呼吸都小心翼翼，谁也没料到，眼前这个看似娇弱的女子竟然有这种胆量。那个日本兵被杨绛的气势吓了一跳。他更没想到这个中国女人会有如此强硬的态度。僵持许久，日本兵先败下阵来，转身离开了车厢。

车子启动，在场的人们沸腾了，纷纷向杨绛投来敬佩的目光。此时的杨绛却后怕起来，就在刚才，差点儿惹了大祸，能保住性命也算谢天谢地了。她长舒一口气，决定以后走路上班，避开电车，再后来，她辞去了这份工作。

杨绛辞掉工作后，养家糊口的重担就落在了钱锺书一个人的身上。钱锺书在震旦女子文理学院颇受重视，工作进展得很顺利，还收了一个拜在门下的学生，名叫周节之。周节之家境不错，时常请钱锺书代他买些书来读，但买回来的书基本就闲置在一边了，倒是钱锺书一一读了个遍。

战火纷飞的年代，一家人的生活条件尤为艰苦，但精神世界格外富足。钱锺书在每本书上写下“戒痴斋藏书”，还特意弄了枚“戒痴斋”的印章。杨绛与钱锺书对目前的生活都很满意，大环境虽不尽如人意，但一家人守在一起，能安稳度日，已经是莫大的福气。

经历过跌宕起伏，钱锺书对活着的意义了解得更加透彻，对亲情、爱情也有了更深层次的领悟。钱锺书曾对妻子深情地说：“从今以后，咱们只有死别，不再生离。”

第七章 解不开的离愁

保持知足常乐的心态才是淬炼心智，净化心灵的最佳途径。一切快乐的享受都属于精神，这种快乐把生活和工作变为享受，是精神对于物质的胜利，是灵魂对精神的升华！

以假论真

戏如人生，人生如戏，假假真真，到底是说不清楚的。战争背景下，人人都备受压抑，戏剧反倒受到人们追捧。当时，黄佐临、柯灵、李健吾和陈麟瑞几个人组建起“上海职业剧团”“苦干剧团”等，好的剧团虽多，优秀的剧本却难寻。这个时候，杨绛与戏剧结缘，踏上了戏剧创作的道路。

1942 年冬的一天，陈麟瑞因为自己改编的剧作《晚宴》上演了，请钱锺书夫妇和李健吾吃烤羊肉。几个人围坐在一盆柴火旁，使用的筷子有两尺多长，大家一边吃肉，一边开怀畅饮。陈麟瑞无意间说起，这种吃法颇有民族特色。杨绛听后，便说起自己曾看过的故事，有《云彩霞》里的蒙古王子和《晚宴》里的蒙古王爷，她绘声绘色地讲着，在座的人听得格外入神。

故事讲完，陈麟瑞对杨绛说：“你何不也来一个剧本？”对于他的提议，杨绛有些犹豫。她认为自己没有经验，而且很少看戏剧。几个好朋友纷纷鼓励她试一试，她便应了下来，开始倾心于剧本的创作。初稿完成后，她交给陈麟瑞，请他指导一下。陈麟瑞看完对她说：“你这个剧本，做独幕剧太长，做多幕剧又太短，内容不足，得改写。”杨绛充分相信他的专业性，便按照他的建议开始修改剧本。

最终完稿，名字还未定，杨绛在亭子里走来走去，忽然间就想到了四个字，不如就叫“称心如意”吧。杨绛将修改好的剧本再次交给陈麟瑞看，终于得到了他的认可。陈麟瑞将剧本交给李健吾，让杨绛回去等消息。她满怀忐忑，不知自己的剧本到底是好是坏。几天后，李健吾打来电话，告诉她一个好消息，《称心如意》将立刻排演，黄佐临将亲自导演。杨绛感到十分开心和满足，自己的努力没有白费。

1943 年春天，经过紧张而又有序的排练，《称心如意》将正式公演，这意味着杨绛的作品即将登上舞台与广大观众见面。公演前，李健吾让杨绛起一个笔名，放在宣传片上。杨绛想到之前总有人把“季康”读成“绛”，索性就叫“杨绛”，从此，这个名字一直伴随着她。

剧团在宣传方面做足了功夫，尤其是作者名“杨绛”十分醒目。季玉校长看到后，向杨绛要了两张票，带着侄女一起去看，看过后觉得特别好，还特意问了问杨绛，是否杨绛的公公帮忙创作的。这个问题让杨绛感到好笑，这与她公公有什么关系呢？不明所以的人不只季玉校长一个，还有人向钱锺书道贺，以为《称心如意》是他的作品，这让真正的作者哭笑不得。

《称心如意》广受好评，获得了巨大成功，一举成名，不但得到普通观众的认可，还受到专业人士的赏识。复旦大学教授赵景琛在《文坛忆旧》一书中给予了高度评价：“杨绛女士原名杨季康，她那第一个剧本《称心如意》在金都大戏院上演，李健吾也上台演老翁，林彬演小孤女，我曾去看过，觉得此剧刻画世故人情入微，非女性写不出，而又写得那样细腻周至，不禁大为称赞。”

《称心如意》这部作品，的确经得起人们的品评，每一句台词都极具感染力，每一个情节都富有新颖的幽默点，观众置身其中，融入其中，直到结束还意犹未尽。对于文字的驾驭，杨绛轻车熟路，加上细腻的心思，敏锐的洞察力，造就了《称心如意》极强的可看性。

起初埋头于剧本创作时，杨绛打着自己的小算盘，当时她没有稳定的收入，觉得写剧本或许能得到不菲的酬劳。不过，纵然《称心如意》赢得了极高的赞誉，但她得到的收益远低于她的期待，只能够下顿馆子，吃顿熏鸡熏肉的。不过这都是玩笑话，虽说收益不高，但杨绛的创作热情越来越高涨，随后她接连创作了《弄真成假》《游戏人间》和《风絮》。

《弄真成假》是一部喜剧，已经成为中国话剧界的经典，当时一经公演就收到很好的评价，各大报纸竞相刊登有关它的评论。当时，能够出演杨绛的戏已经成为演员引以为傲的事，他们写了封联名信，以此表达对创作者的感谢。

剧作家李健吾先生曾说："假如中国有喜剧，真正的风俗喜剧，从现代生活提炼出来的道地喜剧，我不想夸张地说，但是我坚持地说，在现代中国的文学里面，《弄真成假》将是第二道里程碑。有人一定嫌我过甚其辞，我们不妨过些年头来看，是否我的偏见具有正确的预感。第一道里程碑属诸丁西林，人所共知；第二道我将欢欢喜喜地指出，乃是杨绛女士。"

杨荫杭得知杨绛的作品搬上了舞台，便带着其他几个女儿一起去看，不到现场不知道，反响十分热烈，其中几个情节引发全场爆笑。父亲从前不知道杨绛还写剧本，便问道："全是你编的？"杨绛肯定地回答道："全是。"这让父亲感到无比自豪。

2007 年，正值杨绛九十六岁高龄，《弄真成假》时隔几十年，再次呈现在话剧舞台上，她专门写了《"杨绛"和"杨季康"——祝贺上海纪念话剧百年》，由衷感叹道："想不到戏剧界还没忘掉当年上海的杨绛……我惊且喜，感激又惭愧，觉得无限荣幸，一瓣心香祝演出成功。”可见这部作品对于戏剧界的影响何其深远。

《风絮》是杨绛唯一的一部悲剧作品，这个名字出自钱锺书，“风絮”指的是飘在风中的一朵杨花。悲情之中，透着对生活的无限憧憬，剧情虽悲，但隐含其中的寓意是昂扬向上的。

深厚的文字功底是基础，细腻的情怀、敏锐的洞察力，才是杨绛剧作成功的武器。她有一双能够洞悉万事万物的眼睛，还有一颗通透清澈的心，她的作品之中从不缺乏温暖，但也不忘抨击和批判。

虚构的情节中，折射着我们的现实人生。虚虚实实的转换，引发人们思索。

断肠辞别

父亲这个角色，对任何人来讲，都有着无与伦比的重要意义。他为子女撑起一片天地，教导子女如何为人处世，子女继承了他的血脉，也承载着他的精神。

1944 年春天，杨荫杭带着家人回到了苏州庙堂巷的老房子，许久没回过了，再回来时，却已物是人非。他离开上海一段时间后，阿圆对外公甚是想念，正好暑假期间，杨绛很繁忙，便让七妹一家带着阿圆一起回到了苏州老家。想着马上就能见到外公，阿圆开心得不得了。

在老家，不但有疼爱阿圆的外公，还有一群兄弟姐妹陪着她玩耍。在这座老房子里，阿圆无忧无虑地跳着、蹦着，享受着童年的欢快。只是，阿圆不知道，在苏州老家的日子，将成为她与外公最后的相处时光。

杨绛接到了弟弟打来的电话，弟弟语气沉重地告诉她，父亲病重。她心急如焚，决定第二天就赶回苏州。然而，现实情况下，她岂是说走就能走的？上海已被日军控制，铁路等要道也都有日军把守，可谓一票难求。无奈之下，杨绛只好选择坐汽车回去。

第二天一大早，杨绛就和弟弟、妹妹买了回苏州的车票，客车条件十分简陋，说是客车，却没有像样的车顶，而是用一块破烂的帆布代替，正赶上下雨，乘车的人都遭了殃。车上人挤人，座位有限，没抢到座的人只好站着。这一切对杨绛来说是无所谓的，她也没心思在意这些，一心惦记着父亲。

颠簸几个小时后，车到了太仓，却发现无路可走，前方的路断了，河上也没有桥，除非车子长了翅膀飞过去，否则肯定过不去。实在想不出办法，司机决定原路返回，若是等到天黑，不仅路难走，还有可能遇到山贼或者日本兵，不但赔了买卖，还得把性命搭进去。

焦急万分的杨绛只好先跟着车回来，回去的速度比去的时候快多了，司机也是生怕稍有耽搁就性命不保。回到家后，杨绛疲惫地说了句：“走了一天，又回来了。”她发现全家人都在客堂里，个个神色凝重，随即明白过来，血液似乎都凝固了。钱锺书走到她身边，拉着她的手，轻声说：“刚才苏州来电话了，爸爸已经过去了。”

这犹如晴天霹雳，虽然心中有不祥的预感，但得到证实后，杨绛还是接受不了这个事实。顿时，撕心裂肺的哭声响彻了整间客堂，丧父之痛让她痛到窒息。杨绛一夜未眠，脑海中唯有父亲的音容笑貌，以后她再也见不到父亲了。

后来，托人买到了火车票，杨绛和弟弟、妹妹一起赶回苏州。到家时，杨绛见到父亲的棺木，望着父亲的遗像，泪水泛滥。她轻轻地踱步到厨房，如往常一样，认真地泡了一碗盖碗茶，端到桌子前，这竟成了最后一次为父亲泡茶。钱锺书对岳父敬爱有加，在他眼中，岳父言行举止皆是一派正义，是值得尊敬的长辈。钱锺书与杨荫杭都是爱好诗词之人，他们时常凑在一起聊天，每每总能发现彼此有许多相同的见解，觉得更加投缘。

身处战乱的年代，杨荫杭最大的心愿是战争早日结束，重新过上平静的生活，一家人其乐融融地生活在一起，有他的女儿、女婿，还有可爱的外孙女。然而，直到呼吸停止的那一刻，他所期盼的日子仍未到来。

父亲去世，让杨绛备感伤心，自从母亲去世，些许年来，这是她最伤心的一刻。多年后，她写下《回忆我的父亲》，以此缅怀曾经的爱与希望，她也是用这种方式，追忆与父亲的点点滴滴。

关于父亲年轻时的趣事，杨绛写道："我父亲不爱谈他自己，我们也不问。我只记得他偶尔谈起笑话，都是他年轻时代无聊或不讲理的细事。他有个同房间（的人）是松江人，把'书'字读如'须'。父亲往往故意惹他，说要'撒一课"须"去'（上海话'尿''书'同音）。松江人怒不可遏。他同班有个胖子，大家笑他胖，胖子生气说：'你们老了都会发胖。'我父亲跟我讲的时候，摩挲着自己发了胖的肚子，忍笑说：'我对他说，我发了胖，就自杀！'胖子气得呼哧呼哧。"

杨绛曾问父亲，他小时候是什么样的，父亲当时只是回答说，和普通的孩子一样。她听二姑母讲起父亲小时候，说他"捉了一只蛤蟆，对它喷水念咒，把它扣在空花盆底下叫它土遁。过了一星期，记起了那只蛤蟆，翻开花盆一看，蛤蟆还没死，饿成了皮包骨头"。这样顽皮的父亲，确实与普通孩子别无二致。

父亲对杨绛的影响是深刻而长远的，单说杨绛不爱从政这件事，就是受父亲影响。杨绛曾说："我想，父亲在北京历任京师高等审判厅厅长、京师高等检察长、司法部参事等职，他准看透了当时的政府。宪法不过是一纸空文。他早想辞官不干了。他的顽固不灵，不论在杭州，在北京，都会与官场同僚难与共事。"正直的父亲难以与尔虞我诈的官场同流合污，与其在钩心斗角上劳心劳力，不如辞了这官职。

父亲对植物学颇感兴趣，这一点让杨绛记忆犹新，她回忆说："每次我们孩子到万牲园（现称动物园）去看狮子、老虎，父亲总一人到植物园去，我不懂植物有什么好看。那次他从百花山回来，把采集的每一棵野花野草的枝枝叶叶，都用极小极整齐的白纸条加固在白而厚的大张橡皮纸上，下面注明什么科（如茄科、菊科、蔷薇科等）植物，什么名字。中文下面是拉丁文。多年后，我又看到过那些标本。父亲做标本的时候，我自始至终一直站在旁边仔仔细细地看着，佩服父亲干活儿利索，剪下的小白纸条那么整齐，写的字那么好看，而且从不写错。每张橡皮纸上都蒙上一张透明的薄纸，积成厚厚的一大沓，就用一对木夹子上下夹住，使劲用脚踩扁，用绳子紧紧捆住。"

在杨绛的记忆中，还有无数幅与父亲相关的画面，纵然洋洋洒洒几万字，也难以描述完全。

父亲去世后，杨绛整理了父亲生前的一些文章，汇集成册，起名为"老圃遗文辑"，以此寄托哀思。她想念父亲，这种想念无法停止，她写道："我父亲去世以后，我们姐妹曾在霞飞路（现淮海路）一家珠宝店的橱窗里看见父亲书案上的一个竹根雕成的陈抟老祖像。那是工艺品，面貌特殊，父亲常用'棕老虎'（棕制圆形硬刷）给陈抟刷头皮。我们都看熟了，决不会看错。又一次，我们在这条路上另一家珠宝店里看到另一件父亲的玩物，隔着橱窗里陈设的珠钻看不真切，很有'是耶非耶'之感。"

杨绛只好带着深深浅浅的回忆，继续行走在这世上，只是，她再也做不成女儿。

痴缠溺爱

朋友知己无须太多，能够真正贴心的人，三五个已算奢侈，两个便已足够。一个人若是拥有一位好妻子，那么有了她一个，朋友、知己、情人，都拥有。

钱锺书在看过《弄真成假》后，忽然生出要写长篇小说的念头。杨绛听了他的想法后大力支持，认为丈夫必然能够完成这件事。在妻子的鼓励下，钱锺书开始动笔，这就是后来为人们所熟知的《围城》。

写作是很耗费时间和精力的一件事，为了让他专心创作，杨绛让他缩减在震旦女子文理学院的授课时间，虽说收入也会缩减，但这并不是问题。这段时间她也闲了下来，便一心一意在家操持家务。她曾说："劈柴生火烧饭洗衣等我是外行，经常给煤烟染成花脸，或熏得满眼是泪，或给滚油烫出泡来，或切破手指。可是我急切要看锺书写《围城》，做灶下婢也心甘情愿。"

钱锺书笔耕不辍，从 1944 年到 1946 年，耗时两年，"两年里忧世伤生"，终于完成了这部著作。这洋洋洒洒二十余万字，不仅有钱锺书的功劳，更有杨绛的苦劳，若是没有她鼎力相助，免他后顾之忧，或许会耗费更长的时间。

钱锺书感念杨绛的好，平日里虽没有甜言蜜语，但妻子的心意他都记在心里，他曾赋诗一首作为献给妻子的礼物：“弄翰捻脂咏玉台，表编粉指更勤开。偏生怪我耽书癖，忘却身为女秀才。”他自知自己笨手笨脚，家中琐碎之事全凭妻子操劳，自己只会读书，不能为她分担忧愁，家务事占据了她的大好光阴，让她少了许多读书写作的时间。

夫妻之间不言谢，但杨绛为他、为家庭的付出，他都了然。在他心中，杨绛是“最贤的妻和最才的女”，在家庭和学问方面，她都是最出色的。

创作《围城》的过程中，钱锺书每天完成五百字左右，不算神速，不过但凡写下的情节几乎不再会有所改动。每段文字完成后，他就会第一时间捧到妻子面前，请她过目，还会告诉她接下来的情节。他看着她，她看着稿子，这是他最紧张的时候。

《围城》定稿后，首先以连载的形式发表在《文艺复兴》上，随后收入《晨光文学丛书》，一经发表，就收获了大批忠实的读者，大家都给予了很高的评价。几十年来，这部作品经久不衰，由多家出版社多次出版印刷，享誉国内外，不但深受中国读者喜爱，也吸引了大批外国读者。

好友李健吾看《围城》的手稿时，不禁感叹：“这个做学问的书虫子，怎么写起了小说呢？！”在友人心中，钱锺书大概是只知做学问的书呆子，却不承想他也有如此之才，写出这样一部讽世之作，堪称“新儒林外史”。

在《围城》中，钱锺书将许多他与杨绛的亲身经历写入书中，处处可见现实生活的印迹。杨绛在《记钱锺书与〈围城〉》中写道：“(小说)从他熟悉的时代、熟悉的地方、熟悉的社会阶层取材，但组成故事的人物和情节全属虚构。尽管某几个角色稍有真人的影子，事情都子虚乌有；某些情节略具真实，人物却全是捏造的。”

《围城》的情节引人入胜，其中的语言更是值得仔细品味，其精妙独到之处，也是这部作品的成功之处。由于写得太生动，太贴近现实，许多读者甚至对其中虚构的情节信以为真，甚至将《围城》当作钱锺书的自传，常常不由自主地将作者代入主人公的身份中。有些好心人还给他写来诚挚的慰问信，对他的婚姻表示同情，可见作品本身的影响力。

之前，杨绛的戏剧被搬上舞台后，每当夫妻二人同时出现在一个场合时，人们便以“杨绛的丈夫”称呼他，在《围城》创作完成后，人们又以“钱锺书的妻子”称呼杨绛，夫妻二人携手在文学天地间潇洒前行，颇令人艳羡。

随后，各电视台纷纷请求钱锺书准许将《围城》搬上荧屏，考虑到拍成电视剧的效果未必会有小说好，他迟迟没有同意，谦虚地认为“拙作上荧屏实不相宜”。直到 20 世纪 80 年代初期，上海电影制片厂的黄蜀芹，让不可能成为可能。

一次，黄蜀芹在延安的一个小书店里无意间看到《围城》，读过之后，就萌生了将它拍成电视剧的想法，但钱锺书对此事的态度她也略有耳闻，所以有些顾虑。好在她的父亲黄佐临，与钱锺书、杨绛是旧交故友，杨绛的话剧《称心如意》便是由黄佐临导演的。

想到有些交情，她便拜托父亲帮她向钱锺书写了一封信。除了依靠父亲这层关系，她将书读了一遍又一遍，反复体会其中的含义，努力将原著的精髓呈现出来。随后，她便带着写好的电视剧剧本和父亲的信登门拜访钱锺书夫妇。

钱锺书和杨绛得知黄蜀芹是好友的女儿，自是十分热情，杨绛还特意向她讲述了丈夫创作《围城》的前后过程，以便大家能够深入了解故事的创作背景。杨绛介绍说："写《围城》的是淘气的钱锺书。"这让黄蜀芹颇受启发。

认真读过剧本后，杨绛亲自将她认为有待改正的地方做了标注，并提出中肯的修改意见，对道具和场景的选择，杨绛也发表了自己的见解。这些宝贵的意见，让黄蜀芹受益良多。对于如何突出主题的问题，杨绛写了几句话给黄蜀芹："围在城里的人想逃出来，城外的人想冲进去。对婚姻也罢，职业也罢，人生的愿望大都如此。"对于这番解析，钱锺书深表赞同。后来，这两句话作为旁白，出现在电视剧的开头。

《围城》明明是钱锺书的作品，最懂的人却是杨绛，知己莫过于此。两个人相依相伴的不只有身体，还有交融在一起的灵魂。

经过剧组全体工作人员的不懈努力，《围城》终于在荧屏上与观众见面，杨绛一家看过之后，无不对演员入木三分的表演表示称赞。钱锺书特意写信给黄蜀芹说："与适自英国归来之小女，费半夜与半日，一气看完。愚夫妇及小女皆甚佩剪裁得法，表演传神……此出导演之力，总其大成。佩服佩服！"

一部《围城》，凝聚着两个人的心血。

顺境之中，是家人在为你由衷地喝彩；逆境之中，也是家人苦心经营，助你摆脱困境。站在你左右、守护你前行的人，或许有很多，但家人永远是你最坚实的后盾。

钱锺书的妻子、朋友、知己、情人均是杨绛，生命的一半也是她。

生死由天

连年战乱，人们在对和平的憧憬中艰难求生，不知何时才能得以安稳。

1945 年 8 月 15 日，日本投降，人们沸腾了。苦难终于过去了，钱家老小欢聚一堂，准备庆祝一下。

在一片欢声笑语中，杨绛想起了父亲，不由得难过起来，一个人躲到亭子里，低声哭泣着。父亲期盼着战争结束的那一天，然而直到去世，他的子女依然生活在恐慌之中。如今，抗战取得胜利，他却不在了。悲伤流淌于无声之中，钱锺书走到她身边，拉起她的手，安慰道："爸爸会为我们高兴，为国家高兴，我们终于熬过来了。"

父亲在天之灵，必然会为和平到来感到欣喜，只是没能再多陪女儿走一程，这或许是最大的遗憾吧。

1949 年前，国民党大力拉拢知识分子，像杨绛与钱锺书这样的人才，自然接到了国民党的橄榄枝。不过，夫妻俩没有丝毫犹豫，断然拒绝了国民党的邀请。其实就在战争期间，杨绛和钱锺书也有许多次离开大陆的机会，甚至是国外的高校都曾邀请他们去任教，原本可以逃离这暗无天日的战争区域，他们却没有这么做。

日本投降后，国民党政府试图以一个联合国教科文组织的职位来拉拢钱锺书。或许对于其他人来讲，这是千载难逢的机遇，但对于钱锺书而言，与对祖国的热爱相比，这都是无足轻重的。他常用“衣带渐宽终不悔，为伊消得人憔悴”来表达他自己对祖国、对这方热土的爱恋，只要为祖国，“憔悴”也无妨。

有人曾问杨绛：经历如此多的苦难，你可曾后悔当初没有离开？

杨绛云淡风轻地说：“没有什么后悔的，人活着不一定全是为了享福。”苦难也好，挫败也罢，无非是人生的一种经历，既然如此，我们与其慌忙逃避，不如平静承受。

在《干校六记》中，杨绛感叹道：“我们的国家当时是弱国，受尽强国的欺凌。你们这一代人是不知道的，当时我们一年就有多少个国耻日。让我们去外国做二等公民，当然不愿意。共产党来了我们没有恐惧感，因为我们只是普通的老百姓。我们也没有奢望，只想坐坐冷板凳。当时我们都年近半百了，就算是我们短命死了，就死在本国吧。”

他们留在祖国，不惧生死，不问前程，将自己的性命与祖国相连，既决定守在这里，就已然有了这样的觉悟。

1949 年 5 月，清华大学向杨绛与钱锺书发来聘书，邀请他们二位回校做外文系教授。这对在外漂泊许久的两个人而言，无疑是天大的喜讯，这是他们长久以来的梦想，他们将此视作至高无上的荣耀。

夫妻二人带着十二岁的女儿，即刻动身前往北京。清华大学对两个人意义重大，在这里，他们相识相知相恋，由此结伴一生，更是在这里，他们做出了人生的抉择，到底走向何方，到底如何去走，是这里给了他们答案。这一年，他们一家三口来到北京安家，从此就在这里扎下了根。

他们的家中，一张西式的长台桌和几把椅子便是全部的家具，最多的是从清华大学图书馆借来的各种书籍，在屋里的每一个角落，都能看到书本的身影。即便生活艰苦清贫，他们也过得满足，每天除了必要的出行外，就是窝在自己的小家里，安安静静地看书，这是他们钟爱的生活方式。

按照清华大学规定，不允许夫妻二人同时在这里担任正式教授，所以杨绛决定自己做兼职教授，开了一门“英国小说选读”的课程，钱锺书做正式教授，除了教授本科生英文，还开了“西洋文学史”和“经典文学之哲学”两门课，此外，还要辅导研究生。兼职教授的工资虽少，但杨绛乐得清闲，她自称是“散工”，但散工有专属的好处，就是免去了好多会议。

战争结束后，中华人民共和国成立，全国上下百废待兴，一时间人们怀揣满腔热情，鼓足了干劲。许多旧相识纷纷从各地归来，加入清华大学，致力于教育事业。

安稳的生活环境，让人们得以有闲情逸致打扮自己，校园内的不少女性开始追求时髦，一件列宁装，一条灰色长裤，在当时颇为时尚。然而，在追赶潮流的队伍中，并没有杨绛的身影，她依然穿一身上海旗袍，简约、雅致，与周遭的人形成了鲜明的对比。有时乘坐人力车，她便撑着一把小伞，气质脱俗，举止优雅，性格温和，真是美极了。

杨绛与钱锺书，有中国文人的傲骨，不屈服，不妥协，不畏惧。他们虽是血肉之躯，却早已看淡了生死。

第八章 为爱隐忍挺拔

人世间不会有小说或童话故事那样的结局："从此，他们永远快快活活地一起过幸福的生活。"人间没有单纯的快乐。快乐总夹带着烦恼和忧虑。

杨绛传

寡言以对

我们常批评别人，也常被人批评，有中肯的时候，也有片面的时候，但常有的反应是，不断为自己辩解，恨不得有十张嘴为自己解释。我们害怕被批评，所以想挣扎一下。

实际上，我们解释再多，不如不去解释，说多说少，都难免被认为是自我推脱，还不如沉默以对。

正逢建党三十周年之时，学习《毛泽东选集》的高潮席卷而来，各地高校纷纷积极响应，率先在教师队伍中展开了思想改造活动，对知识分子进行批评及自我批评。

举国上下，很多知识分子参与其中，成为第一批接受改造的对象，杨绛自然也不例外。

这场思想改造活动是为了改造知识分子的思想，让他们能够站在工人阶级立场上，成为文化战线的战士。这场思想改造活动在实施的过程中出现了偏差，因盲目批判导致许多无辜的人遭受不公平对待。

素日里，清华大学是宁静而祥和的。思想改造运动开始后，校园的气氛发生了变化。曾经备受推崇的西方文学著作，被判定为资产阶级腐朽思想的毒瘤，这让杨绛感到莫名其妙，不知道为什么会走到这一步，没有人可以解答，她只得随着潮流边走边看。

在思想改造的三个阶段中，最先进行的是思想动员阶段和酝酿讨论阶段，最后是声讨控诉阶段，这也是思想改造的重要环节。

在酝酿讨论阶段，经常召开“酝酿会”，人们围坐在一起，讨论其他人需要被改造、被控诉的地方，不仅要提出来，还要收集相关资料作为证据。这让在场的每一个人坐立难安，或许被批评很难受，但是要指名道姓批评自己的同事和朋友，让他们很纠结，因为这不是简单提意见，而是一旦提出来，就会置朋友于困境之中。

杨绛参加过“酝酿会”去讨论别人，也被讨论过。当时，她已经开始进行思想检讨，好在她平日不争不抢，不显山不露水，工作上只是个兼职教授，生活上也是贤妻良母，总结起来问题不大，也不严重，做过检讨后就了结了。

然而，事情在检讨通过后发生了变化。在控诉大会上，有人站了出来，大声控诉道：“杨季康先生上课不讲工人，专谈恋爱。”接着说，“杨季康先生教导我们，恋爱应当吃不下饭，睡不着觉。”“杨季康先生教导我们，见了情人，应当脸发白，腿发软。”“杨季康先生甚至教导我们，结了婚的女人也应当谈恋爱。”

一时间，在场的几千人都愣住了，齐刷刷地望向杨绛。杨绛看了看那个控诉她的女学生，不由得感到奇怪，这个人并不是自己的学生。事发突然，杨绛没有说什么，只是装作没有听见的样子，表面仍是平静如水。好在这并不是控诉杨绛的专场，还有其他人要控诉，她这茬儿也就随着翻篇了。

控诉大会结束后，外文系主任吴达元特意走到杨绛身旁，压低声音问道：“你真的说了那种话吗？”杨绛无奈地说：“你想吧，我会吗？”按照吴达元对她的了解，这断然不会是从她口中说出来的话，但是此情此景之下，他不好多说，点了点头以示相信。

杨绛回到家时，钱锺书和阿圆都已经睡下了，杨绛躺在床上，回想着刚刚发生的一切，翻来覆去难以入眠。她在想：假如我是一个娇嫩的女人，我还有什么脸见人呢？我只好关门上吊啊！季布壮士，受辱而不羞，因为“欲有所用其未足也”。我并没有这等大志。我只是火气旺盛，像个鼓鼓的皮球，没法按下凹处来承受这份侮辱，心上也感觉不到丝毫惭愧。一番自我开解后，杨绛觉得心里舒服了很多，便安心睡下了。

第二天，杨绛像往常一样梳洗，随后穿了一件光鲜亮丽的衣服，特意打扮了一番，精神抖擞地出了门。她不但神采奕奕地去上班，还选择去人多嘴杂的菜市场逛游，换作别人，不要说去菜市场，怕是连人少的地方都不敢去了，肯定躲在家里不愿见人。

原本她就没有做错什么，又何需愧疚？旁人对她指指点点，那是旁人的事，她自知光明磊落，便不怕风言风语。知道她的人，她根本不需要多做解释；不知道她的人，她更没有解释的必要。与其在他人的目光中诚惶诚恐，她不如放宽心，大步流星地走好自己的路。

控诉大会过后，女学生控诉杨绛的事还出现在《人民日报》的版面上。杨绛心想：自己怕是当不成这个教授了。谁知，她不但稳稳当当地继续从事教育，而且有更多的学生选修了她的课。杨绛一下子成了炙手可热的老师，倒是因祸得福。

经历这次风波，杨绛反而活得更加坦然。

许多年后，她感慨当时的境遇：“我的安慰是从此可以不再教课。可是下一学期我这门选修课没有取消，反增添了十多个学生。我刚经过轰轰烈烈的思想改造，诚心诚意地做了检讨，决不能再消极退缩。我也认识到大运动里的个人是何等渺小。我总不能借这点儿委屈就摆纱帽呀！我难道和资产阶级腐朽思想结下了不解之缘吗？我只好自我辩解：知道我的人反正知道；不知道的，随他们怎么想去吧。人生在世，冤屈总归是难免的。”

杨绛在落难时不怨天尤人，不慌不忙地继续生活。

虽说苦难常有，但人要心态平和，努力活着和轻易死去相比，选择前者的人值得尊敬。生命本就是一场历练，人要谨记这一点，从容地面对一切，挺胸抬头地走到终点，就是胜利。

遭遇坎坷

曾几何时，他们受万众仰慕，不承想时移物换，有朝一日竟成为被批判的对象。变化太快，他们都来不及思考到底发生了什么。

1952 年下半年，相关部门下达《关于改革学制的决定》，全国高校由此展开了院系调整工作，一切按照苏联的模式运作，清华大学由综合性大学转变为工科性质的高校。

1953 年初，杨绛、钱锺书被调到北京大学文学研究院，身份也随之变为研究员；1956 年，北京大学文学研究院并入中国科学院哲学社会科学部；1977 年，北京大学文学研究院独立并扩充为中国社会科学院。

最初，杨绛与钱锺书同在文学所外国文学研究组工作，后来，钱锺书被借调到中国古代文学研究组，名为借调，好似暂时的安排，但实际上是“有借无还”。再后来，古代组和外文组分别壮大为文学所、外国文学研究所。

随着工作调动，杨绛一家也有了新的住所——中关园。

杨绛夫妇将自己的书斋起名为“容安室”，出自苏轼《东坡志林》卷四。“陶靖节云：‘倚南窗以寄傲，审容膝之易安。’故常欲筑小轩，以‘容安’名之。”

钱锺书于1954年写下《容安室休沐杂咏》组诗，从诗情画意之中，我们可领略到夫妻二人在中关园的生活点滴：

曲屏掩映乱书堆，家具无多位置才。容膝易安随处可，不须三经羡归来。渐起人声昏晓际，难追梦境有无间。饶渠日出还生事，领取当前倚枕闲……向晚东风着意狂，等闲残照下西墙。乍缘生事嫌朝日，又为无情恼夕阳。生憎鹅鸭恼比邻，长负双柑斗酒心。语燕流莺都绝迹，门前闲煞柳成荫。

与世无争，悠然快哉，这是杨绛夫妇最舒适的状态。杨绛夫妇走下三尺讲台，无疑是清华大学及其学生的遗憾和损失，但转念一想，对于他们夫妻两个人来说，这或许是更好的开始。

1956年，在思想改造的热潮过去之后，又兴起了“拔白旗”的运动。“拔白旗”中的“白旗”是资产阶级白旗，指的是在“大跃进”过程中，坚持实事求是、反对浮夸的人，此外还包括一些认同资产阶级学术观点的人。如何“拔”呢？就是加以批判、斗争、“插红旗”。

这一次，杨绛依然成为众矢之的，她的一些涉及西方文学的论文则成了“白旗”，而钱锺书的《宋诗选注》也在“白旗”之列。

回忆起当时的情景，杨绛记忆犹新：“锺书于一九五八年进城参加翻译毛选的定稿工作。一切‘拔’他的《宋诗选注》批判，都由我代领转达。后来因日本汉学家吉川幸次郎和小川环树等对这本书的推崇，也不拔了。只苦了我这面不成模样的小白旗，给拔下又撕得粉碎。我暗下决心，再也不写文章，从此遁入翻译。锺书笑我‘借尸还魂’，我不过想借此‘遁身’而已。”如若真的将杨绛与文学、书籍相隔离，那简直是无形中的死刑。

“反右”兴起后，杨绛和钱锺书周遭的许多朋友由此栽了跟头，为了避免惹祸上身，他们夫妻二人行事极为低调、谨慎。然而，即便是如此小心翼翼地活着，他们仍没逃过这一劫。

1958 年，杨绛之前的文章《斐尔丁在小说方面的理论和实践》，被指为“不但不能帮助读者正确理解斐尔丁这位现实主义作家的作品，反而歪曲、贬低了斐尔丁作品的意义，更重要的是介绍了大量资产阶级的文艺观点。论文的作者抹杀文学的社会意义，忽视典型人物的阶级内容，曲解现实主义。论文的作者不顾作品的思想内容，用烦琐的考证、对比的方法孤立地而且舍本逐末地研究作品的形式和技巧问题，结果当然只能钻了牛角尖，这样的论文会给我们文学工作带来有害的影响。”由此该论文被称作资本主义的“毒瘤”，是必须拔掉的“大白旗”，杨绛也被扣上了这样的帽子。

在批判大会上，他们一言不发，只是静静地站在那里，如今所遭遇的一切，他们无力辩解，也不愿辩解。幸而他们向来与人为善，也从未张扬，所以换来了比较轻的批判，这算是不幸中的万幸。

这些经历或许算不上荡气回肠，但足以称得上是跌宕起伏，这就是人生，我们并不知道在哪一个拐角处会遇到截然不同的境况。人之所以强大，不只在于身体，更在于心灵。

各自天涯

在小说《三国演义》中，关羽过五关斩六将，得以摆脱曹操而投奔刘备，英勇无比，最终克服重重阻碍达成心愿。

在杨绛的人生中，虽没有“斩六将”的桥段，但也有“过五关”。

1958 年 10 月，文学所开始进行下乡改造，杨绛是第一批，钱锺书在一个月后也下了乡。阿圆这时正在炼钢厂工作，勤奋机敏，也没吃太多的苦。一家人过着分隔两地的生活。

实际上，当时规定，四十五岁以上的女同志可以不用参加下乡活动，杨绛大可以少受些累，她的身体本就不好，原本可以免去困苦，但她担心影响不好，只得硬着头皮去。她被分配到北京附近的郊区，与她一起下乡的还有其他二十多个人，一行人在这个陌生的地方开始了集体生活。

杨绛对自己的改造生活充满好奇。第一，她“想知道土屋茅舍里是怎么生活的”；第二，“听说，能不能和农民打成一片，是革命、不革命的分界线。我很想瞧瞧自己究竟革命不革命”。不用心急，答案很快就展现在她眼前。

来之前她就很清楚下乡条件艰苦，但直到她真正面对这一切时，才感觉自己在闯难关。

第一关，是“劳动关”。

公社的负责人想得十分周到，为杨绛等“老弱无能”的人安排了砸玉米棒的活儿，不但简单易学，而且不脏不累。杨绛他们几个人奔赴打麦场，热火朝天地干了起来，每人都手拿一根木棍，席地而坐，用木棍敲打玉米棒，直到玉米粒脱落下来，然后扫成堆儿，最后将席子盖在上面。他们除了砸玉米，还有些其他杂活儿要做，比如推着独轮车搬运秫秸杂草等。

劳动这一关并不算难，真正难过的是后面几关。

第二关，是“居住关”。

刚来到村上的时候，他们最先在铺满尘土的冷炕上睡了一夜，随后住进了公社缝纫室。屋内有一张竹榻以及一块放杂物的木板，这就是所谓的床，距离地面有两米之高，他们每次睡觉都要先登上竹榻，再踩着一个木桩子爬上去，躺下之后千万不能翻身，否则便会掉下去。后来，村里办起了托儿所，教室里有一个大暖炕，杨绛同其他三个人一起睡在这里。

居住条件自然难以与自家相比，但对于下乡的人而言，能够有遮风挡雨的地方已经算是万幸了。

第三关，是“饮食关”。

一日三餐皆是在农民食堂搭伙做的，他们常吃的就是稀粥和玉米面做成的窝头，冷不丁吃一顿还觉得挺新鲜，但要是顿顿皆如此，不免吃腻了，而且吃久了，肚子也不好受。伙食不好，让大家得了“馋痨”，为了缓解嘴馋，到了晚上闲来无事时，他们就聚在灯下精神聚餐，空谈美味佳肴，不仅解了馋，还打发了时间，一举两得。单调乏味的饭菜，让杨绛着实想念家里的饭菜，日有所思夜有所梦，甚至有一天梦见饭桌上摆着两个荷包蛋，她竟然说“不要吃”。睡醒后，她将自己的梦告诉了同伴，大家的态度是统一的，就是责怪她为什么不吃。

原来做梦也是可以解馋的，原来不仅有“画饼充饥”，还有“说饼充饥”。

第四关，是“方便关”。

所谓“方便”，就是上厕所，较之前三关，这是最难过的一关，因为说是“方便”，实则最不方便。一次，不知道是不是吃了不容易消化的东西，到了半夜，杨绛的肚子就如翻江倒海一般。因为睡在缝纫室的铺上，下地十分不方便，杨绛心想能忍则忍，但奈何肠胃根本不听话，她只好一个人带着手电筒，摸着黑出门，走了半条街才到了“五谷轮回所”。一番折腾后，杨绛蹑手蹑脚地爬上床，听着此起彼伏的呼吸声，安心地睡下了。

想行个“方便”，却偏偏没有方便可行，一通折腾后，她才能得个痛快。

第五关，是“卫生关”。

杨绛素来是个爱干净整洁的人，但到了这里，没有让她讲卫生的条件。他们所在的山村用水实属不易，地高井深，得先打水再挑水。为了节约用水，他们每天除了早晚洗手、洗脸，其他时间段是几乎不洗的。杨绛的手背比手心干净，吃完饭，嘴角的清洁工作就交给舌头，舔干净之后，再用手背抹一抹。杨绛长达两个月没有洗过澡，只能烧点儿热水，洗洗头发和衬衣。两个月不洗澡，怕是成为杨绛此生的纪录了。人就是如此坚韧，任何艰苦的环境都能适应。

为期不短的下乡之旅让杨绛感慨颇多，但纵观这些时日，最让她难以忘怀的，并非这些难关，而是有关丈夫，有关思念。

在钱锺书还未下乡之前，每隔两三天他就会给杨绛写来一封信：“字小行密，总有两三张纸。”同来的人之中，就数杨绛收到的信最多，她竟还被他人取笑。

杨绛忆及当时，幸福溢于言表，她说：“我贴身衬衣上有两只口袋，丝绵背心上面又有两只，每袋至多能容纳四五封信（都是去了信封的，而且只能插入大半，露出小半）。我攒不到二十封信，肚子上左边右边尽是硬邦邦的信，虽未形成大肚皮，弯腰却很不方便。其实这些信谁都读得，既不肉麻，政治上也绝无见不得人的话。可是我经过几次运动，多少有点神经病，觉得文字往往像 1949 年前广告上的‘百灵机’‘有意想不到之效力’，一旦发生这种效力，白纸黑字，百口莫辩。因此我只敢揣在贴身的衣袋里。衣袋里实在装不下了，我只好抽出信藏在提包里。我身上是轻了，心上却重了，结果只好硬硬心肠，信攒多了，就付之一炬。我记得曾经在缝纫室的泥地上当着那女伴烧过两三次。这是默存一辈子写得最好的情书。”

因为怕了，所以杨绛格外谨慎，这些信若是能够留存至今，每一页信纸都弥足珍贵。

那时，钱锺书已经来到昌黎进行下乡改造。他每天的工作是掏粪，却仍偷空写信给妻子，还常嘱咐她不必回信。将信付之一炬，是杨绛最后悔的事，唯一的安慰是“‘过得了月半，过不了三十’，即使全璧归家，又怎逃得过丙午大劫。”

信笺自然珍贵，那颗时刻惦念着她的心、那个人，更难得。

杨绛下乡原本是要持续三个月，后来改为两个月，在结束之前，他们需要总结有何收获，并互相提意见。在杨绛得到的评语中，有一句话让她颇为得意，仿佛是一种荣耀，那就是说她能和老乡们打成一片。这样的评语是对她的肯定，也完美地回答了她的好奇，她是革命的。

就这样，“乖乖地受了一番教育，毕业回家了”。杨绛回到北京，钱锺书也在随后回来了，一家人终于得以团聚，又回归到原本的生活中。

此时，阿圆的工作成了让杨绛和钱锺书头疼的问题。那时学校负责分配工作，阿圆的志愿是“支边”，这下子让做父母的慌了神，不管到哪里支援，阿圆必然会离家千里，父母怎么放心得下？好在最后学校给阿圆安排的工作是留在学校做助教。对于这个家庭来说，这是绝对的好消息，女儿的工作落实到位了，而且她不需要离开父母，一家三口还可以生活在一起，这就是简单的幸福。

慌张岁月

一家人安稳的日子并没有维持许久，暴风雨又降临了。

1966 年，杨绛和钱锺书先后受到监管，这意味着他们不但人身自由受到限制，而且存款被冻结，没有工资，取而代之的是些许生活费，吃穿用度也有规定，只许吃窝头、咸菜和土豆。原本潜心钻研学问的两个人，一个被派去扫院子，一个负责打扫女厕所。

即便如此，这还只是"斗争"的一部分，而"斗争"则成为生活的一部分。

人很奇怪，他待你好时，可以感天动地；他待你坏时，可以惊天动地。

当时，对知识分子的迫害可谓五花八门，只有暂时没有想到的方法，没有做不到的方法。剃"怪头"是常见的方法，钱锺书的头发就被剃成了一个"十"字，好端端的头发，被弄得奇形怪状。对此，杨绛想出一个好主意，就是把钱锺书的头发都剃了，干脆利落地解决了问题。

不承想几天后，她也得了个"怪头"，半个头的头发被剃掉了。两个人犯了愁，男士可以剃光头，女士总不能也这么办。最后，还是杨绛聪明，她想到阿圆之前剪过一次辫子，她用手帕将头发包着留了下来。于是，她找到辫子，连夜赶制出一个假发套，虽然并不精致，但好歹算是一个办法。

只可惜，假的终归是假的，杨绛想要以假乱真还是有些困难的。

杨绛戴着假发套，旁人看着别扭，她自己戴着也难受，正是夏天燥热的时候，头套根本不透风，头皮自然不舒服。她上了公交车，售票员立马就发现了，嚷嚷道："哼！你这黑帮！还想上车？"杨绛随口驳斥她说："我不是黑帮！"见其他乘客都盯着她看，杨绛不再多说什么，立即下了车，宁愿走着去，也不想受人冷眼。结果，她走在路上，依旧有人对她指指点点，小声议论。

杨绛顶着"怪头"，生活处处不方便。杨绛去买菜，人家却不愿意卖给她，想老老实实买点儿菜都难。后来，买菜的任务就交给了钱锺书，她就负责每周采购一次煤。时间久了，杨绛身心俱疲，尤其是心里，特别不是滋味。为了避免惹出更多的麻烦，杨绛托人买了顶帽子，即便如此小心翼翼，还是逃不过孩子们的眼睛。他们总是揪她的假头发，她只好躲着孩子们走。钱锺书无所顾忌，与她并肩而立，陪伴着她。

1969 年，杨绛夫妇等知识分子被集中起来，开始一起生活。相关人员考虑到杨绛夫妇年纪较大，便允许他们住在自己家，但是集体的学习和训练必不可少。杨绛同丈夫并不在一个单位，所以也不在一个地方训练，只有吃饭的时候，两个人可以在食堂里偶尔碰个面，说几句话。

11 月 3 日，杨绛在校门口等公交车的时候，远远望着钱锺书朝自己走来，神色匆匆的样子。走到她身旁的时候，他悄声说了一句"待会儿告诉你一件大事"，然后两个人一起上了公交车。原来，他

11日就要去达罗山县的五七干校，这让杨绛吃了一惊。他说走就走，也太突然了，杨绛原本以为他六十岁生日的时候，一家人可以在一起吃长寿面，一起度过这个美好的时刻，如此一来，简单平常的愿望却成了奢望。

之前钱锺书虽也有过下乡的经历，但这次下干校与先前不一样，不仅仅是人得过去，行李和家当也要随之同行，这就意味着不知丈夫何时才能回来，或许待一阵子，或许待一辈子。

临别在即，杨绛认真仔细地给丈夫收拾行李。考虑到下干校的目的是锻炼和劳动，她找来好多绸子，用缝纫机拼接到一起，做了一个毛毯套子，优点是不怕脏。随后，她又特意将裤子容易磨损的地方逐一加厚。

临别前，杨绛同女儿和女婿去为钱锺书送行，他即将前往的五七干校，位置偏僻，条件艰苦，杨绛十分担心丈夫的身体，可如今唯一能做的就是目送他离去。

杨绛虽留在北京，但一直在学习改造当中。她听从组织安排，去挖防空洞，然后把书运进去。这是一项纯体力劳动，杨绛本就已经上了年纪，加上身体也不好，干起活儿来难免心有余而力不足。这时，她平日里所做的善事善举，便有了回报，曾经受过她的恩惠的人，如今都愿意伸手帮她一把。当她要下干校的时候，所里的年轻人都积极主动出力，帮她打包行李，又为她送行，可见她平常是如何对待他人的。

在那个错乱的时空中，白与黑，是与非，分得并不是那么真切。然而，这就是更迭的历史，人既然在摸索中前进，又岂会没有茫然四顾的时候?

杨绛即将下干校的时候，阿圆的丈夫王德一被认定为“过左派”

的组织者，被控制了起来。他说："我绝不能捏造个名单害人，我也不会撒谎。"最终，王德一百口莫辩，以死证明清白。这让阿圆接近崩溃，完整的两个人，如今只剩下她自己。

悲剧接二连三发生，让杨绛猝不及防。她的妹妹死于急性心脏衰竭，父母和三姑母的墓被肆意破坏，多位至交好友也含冤死去，她的眼里含着泪，心在滴着血。离开的那天，阿圆一个人来送她，望着女儿形单影只，她百感交集。她让女儿快回去，阿圆却固执地不肯走，一直目送她离开。

他们一次又一次地分别，让每一次短暂聚首都格外珍贵，因为不知哪一次相见就是最后一次。他们千辛万苦地熬过了残酷的战争，却没能逃过时代的操控，被一波又一波的暗流撞击得粉身碎骨。

静默无声

恋人去哪里约会最浪漫？他们是去只有银幕闪着光的电影院，是去流淌着钢琴曲的咖啡馆，还是去海边或山间？

杨绛和钱锺书从恋爱到结婚，有过无数次约会，无论场景怎么变换，心情总是甜蜜温馨的。几十年后，从热恋的情侣变成了老夫老妻，没想到的是，他们竟还有约会的机会。

钱锺书下干校很长时间后，两个人才得以见面，此时的他，又黑又瘦，判若两人，想必吃了很多苦。他告诉杨绛，自己在干校已算是受优待，主要负责看东西、巡夜，偶尔送送信，与其他工作相比，简直是美差。

杨绛下的干校距离钱锺书那里有一个小时的车程，按照规定，若是没有特殊事情的话，是不允许人随意走动的，所以两个人只好以书信传情。这是许多年来的默契，哪怕相隔千山万水，他们也不会断了联系。

杨绛被安排到“菜园班”，要做的就是蹲守菜地，而且是二十四小时全天候守护。有时，钱锺书外出送信恰巧能路过杨绛的菜地，便与妻子站在菜地旁边说说话，这就是他们难得的约会。在杨绛看来：

“我们老夫妻就经常可在菜园相会，远胜于旧小说、戏剧里后花园私相约会的情人了。”

但凡有休息的时间，杨绛就会看看书、写写信。她将所闻所见、所感所想都记在纸上，等丈夫过来的时候，便交给他。曾经不爱回信的杨绛，如今爱上了写信，每一个字都是她的思念和牵挂。

女婿王德一的死让杨绛的心结了冰，一个美满的家庭就这样散了，女儿孤身一人要如何面对惨淡的人生？一次，在地里劳作时，有人发现菜地旁有一座坟墓，杨绛自言自语道：“死的人多冷啊，坟地里草都没有！”同伴们都感到奇怪，正是酷暑难耐，怎么会感到冷呢？这哪里是身体冷，是杨绛心底萌发的冷意。

和平年代，他们却仍在饱受动荡之苦，怎不叫人心寒？杨绛是坚强的，她要勇敢活下去，只有活着的人，才拥有希望和未来。

来到干校，即便条件艰苦，杨绛仍坚持创作，或许这就是“疲惫生活中的英雄梦想”。在干校的大事小情，她都用心地记录了下来，后来根据自己的亲身经历，创作出《干校六记》，以朴实无华的语言再现了当时的种种场景。纵然现实残酷，在她的文章中却不见丝毫，她是创作喜剧的能手，以喜剧人的态度去记录悲剧，这也体现了她的人生哲学。

苦难在继续，生活也在继续。

有一件让杨绛既惊又喜的事情，有只猫将两只血淋淋的老鼠放在了她的床上，摸着黑她用手摸了摸，拉开灯后，差点儿把她的三魂七魄吓没影了，幸好还有同住的人，他们一起小心翼翼地拽着床单把老鼠扔了出去。第二天，杨绛起了个大早，决心将床单洗净，可惜洗了无数遍，血迹犹在。她向钱锺书哭诉，他笑着安慰道：“这是吉兆，也许你要离开此处了。死鼠内脏和身躯分成两堆，离也；鼠者，处也。”他虽是一副认真的样子，但这番解释并不合理，杨绛自然不会相信，但听他这么一说，她的心情好了起来。

苦难之中，有他这束微光，足以将她的世界照亮，以暖色调覆盖冰冷、黑暗。

到了年底，钱锺书来菜地找杨绛，告诉她一个好消息，他听说北京打来电话，说有一批老弱病残要先行回到北京，而他就在其中。这个消息让杨绛高兴极了，他身体不好，干校条件又艰苦，早些回去自然是好事，而且女儿一个人在北京，他回去还能陪伴女儿，每年杨绛还能回家探望一次，总归是一件值得庆贺的事情。

后来，钱锺书从邮电所取回了确认名单，确实看到了自己的名字，为此还特意跑去告诉妻子。然而，名单公布的时候，他的名字不在上面，这让两个人感到莫名其妙。没有他的名字，就表示他还要继续待在这里，原来这是一场空欢喜。

既来之，则安之。既然走不掉，他们就只好顺从安排。他们只要不放弃希望，总有等来的那一天。

即使处于困顿之中，让人感到庆幸的是，他们彼此能够相伴左右，相互惦念。苦与累都有人分担，两颗心紧紧相依，拥抱着取暖，再多苦难，也被减半。

第九章 终是苦尽甘来

上苍不会让所有幸福集中到某个人身上，得到爱情未必得到金钱，拥有金钱未必拥有快乐，得到快乐未必拥有健康，拥有健康未必一切都如愿以偿。

重新来过

事情有开始，也会有结束。

1972 年，上级领导对杨绛夫妇特别关照，他们成为第一批返回北京的幸运儿。终于回到了北京，此时的他们年老体衰，幸运的是，又拥有了平静祥和的生活。

回来后，杨绛夫妇住进了女儿的大学寝室，房间朝北，凉森森的。但杨绛在《我们仨》中写道："屋子虽然寒冷，我们感到的是温暖。"空气是冷的，但心是热的，一家三口聚在一起的温暖，真是久违了。

阿圆不像杨绛那样爱干净，屋内乱糟糟的，估计是很久没有打扫过了。宿舍只有一张上下铺，平日里阿圆自己住在这里，又懒得打扫，屋里到处蒙着一层尘土，东西也随意摆放着，这可绝对不是杨绛的作风。住在四周的朋友知道钱瑗的父母来了，纷纷前来打招呼，还为他们带来了许多生活用品，如此一来，他们大可以过正常的生活了。

这些年来，一家人难得生活在一起，以前觉得稀松平常的事，在这几年间却变得难以实现。盼了那么久，一家人终归是盼来了团聚，不再忍受相思之苦，不再为彼此担惊受怕，心里着实觉得安稳。

阴面的房间到了冬天格外冷，阿圆的一个同事善解人意地将一处小黄楼的房子让给了他们居住，一家人欢天喜地地开始搬家。来到新家，第一件事自然是打扫收拾一番，当打扫落满尘土的衣柜时，钱锺书无意间吃了不少灰尘，杨绛看到他笨手笨脚的样子，急忙上前阻止，但吃进去的灰尘还是引发了他的哮喘病。

钱锺书的哮喘是老毛病了，加上天气寒冷，他的身体吃不消了。最严重的时候，他甚至不能正常睡觉，只得靠在床上或是下地走动。从医院买回来的药，没能让他的病情有所好转，每当哮喘发作时，呼吸声都变得急促低沉起来，他便被杨绛称作“呼啸山庄”。

1974 年 5 月 22 日，杨绛夫妇从小黄楼里搬了出来，学部七号楼西侧尽头的办公室则成了他们的新家，这里就是他们的起居室兼学习室。条件虽有些简陋，但邻居都很友善，夫妻二人住在这里很是舒心。

当时他们生活上面临的最大困难是，冬天要自己烧煤取暖，一个不留意，就险些发生危险。

一次，烟囱的出气口被堵住了，他们没能及时发现，差一点儿就煤气中毒。杨绛睡前吃了安眠药，睡梦中隐约闻到些气味，但身体还在沉睡，迷迷糊糊间听到巨大的响声，原来是钱锺书摔倒在地上，她立马醒了过来，将窗户打开，赶忙扶起钱锺书走到屋外。钱锺书先于杨绛闻到了煤气味，便想起床去开窗通风，谁知吸入了煤气，头一下子就晕了，紧接着就摔倒在地上，脑门磕到了暖气片上，还留下一道伤疤。无奈之下，两个人只好开着窗户，捂着棉衣，一直坐到天亮。

第二天一早，钱锺书和往常一样，端着早饭来到杨绛面前，还带回她爱吃的猪油年糕。看着他笑眯眯的样子，杨绛并没有觉得有什么特别。只是吃到半截的时候，她突然意识到，钱锺书是不会划火柴的，自然也用不了煤气罐，那这次是谁给他点的火呢？

钱锺书颇为得意地说：“我会划火柴了！”为杨绛准备早餐，是自从留学英国后，钱锺书一直坚持做的事情，而且长达几十年，直到他住院了才停下来。这份简单的早餐，是爱人之间无声的问候，这些小事体现着彼此的浓情蜜意。

或许有些事对于他来说很难，但为了她，他什么事都愿意去尝试。

善有善报，人们相信善意的举动或许能够带来福报，许多时候的确如此。

在杨绛夫妇下干校期间，有一位老太太被要求扫大街，钱瑗与她并不认识，只是觉得一位老人家需要帮助，钱瑗便伸手帮了她一把。有一天，这位老太太竟然拜访杨绛和钱锺书，恳请他们成全一桩婚事。原来，老太太是一位总工程师的夫人，颇有学识，十分喜爱钱瑗，觉得钱瑗善良真诚，此次前来就是希望钱瑗能同意做她的儿媳妇，恳请杨绛夫妇成全。

钱瑗本不同意这桩婚事，这些年与爸爸妈妈聚了又散，如今好不容易生活在一起，她不想再与他们分开。杨绛开导她说：“将来我们都是要走的，撇下你一个人，我们放得下心吗？”钱瑗知道，母亲是希望她能有个依靠，便点头答应了下来。

新的家，新的生活，他们得之不易，便更懂得珍惜。

爱是无我

她说自己是丈夫的拦路虎，殊不知，这只任劳任怨的“拦路虎”是他最亲近的伴儿。

1977 年，知识分子的苦难已经过去，人人斗志昂扬，积极投身于新的生活。

一天，杨绛的办公室迎来一位陌生人，他拿出一串钥匙交给她，并嘱咐她：“如有人问，你就说因为你住办公室。”她一时摸不着头脑，不知道是谁为他们备下的这份厚礼。两个人思来想去，将周遭相识的朋友全部想了一遍，最后将目标锁定在秘书胡乔木身上。

当时，在胡乔木的推荐下，钱锺书担任《毛泽东选集》英译委员会主任委员，主持《毛泽东选集》的英译工作。他对杨绛夫妇的生活起居十分关心，在此之前还特意寄来了治疗哮喘的药方。种种迹象看来，房子也与他有关。

他们的新家位于三里河南沙沟的国务院宿舍，立春时，一家人乔迁新居。房子是三室一厅，宽敞又明亮。

他们准备出两间卧室后，剩下一间便当作书房，时间久了，书房又扩展到了客厅。室内的摆设极简单，书房却极奢华，几个大书架上摆满了古今中外的书籍，这都是他们已经读过的书，如今成了他们家庭的一部分。

作为知识分子，杨绛夫妇过着节俭朴实的生活，从不讲究吃穿用度，但对书籍从不将就，但凡没看过的书，不论中文还是英文，只要有兴趣，便会不遗余力地买回来。杨绛常说钱锺书是“书痴”，她好像忘了，自己也是如此。家中摆着一大一小、一横一竖两张书桌，钱锺书用大的，杨绛用小的，之所以这么分配，用杨绛的话来说，就是因为钱锺书的名气更大，所以他要用大的。

他们是彼此的知己，朝夕相伴，默契十足，一起读书，一起做学问，无须远行，在这片小天地中，便已经拥有了一切。

两个人都极负盛名，也因此会招致许多闲言碎语，有人说他们清高，有人说他们孤傲，他们听后也从不辩解，只是一笑了之。

他们为人处世低调了一辈子，人至老年，更是喜静不喜闹。对于一些无关紧要的场合，他们能不去则不去。若是有人登门拜访，在门口就直接被谢绝了，而且大多数是由杨绛来处理。她曾说自己是钱锺书的“拦路虎”，但凡对他有所打扰的人或事，先要过了她这关。他不善于人际交往，而杨绛则比他懂得该如何与人相处，她细致周到，待人随和，常让人有如沐春风之感。

对杨绛来说，丈夫的事远比她自己的事重要，而钱锺书对杨绛则是一百个满意，这种认同不仅是对她妻子的身份，还包括朋友和知己。

一天，钱锺书从朋友家回来，对杨绛说，朋友都笑他有誉妻癖。她便问道：“你誉我没有啊？”他说：“我誉了。”接着，他便讲了三件事。第一件事是“话剧《称心如意》上演，在上海一夜成名，可你还是和从前一样，一点儿也没变，照旧烧饭洗衣”；第二件事是“一次日本人抓你，你沉着冷静，把他们引进客堂，自己称倒茶，三步两步到楼上把《谈艺录》稿子藏好，日本人传你第二天到宪兵司令部问讯，我都很担心，你却很镇静”；第三件事是“家里煤油炉过满，火着了老高，周边都是干柴，你走来，灵机一动，抄起旁边的尿罐扣上去，火柱立刻灭下”。杨绛听完，笑着说：“快别说了，‘呆大’。”

钱锺书所言句句属实，且句句发自肺腑，绝不是为了哄她高兴才说的甜言蜜语。他曾说过：“杨绛的散文是天生的好，没人能学。”这是真诚的夸赞，也是根据事实而来。他还对杨绛说了这样一句话：“照常理我应该妒忌你，但我最欣赏你。”

钱锺书对妻子杨绛由里及外地欣赏，真心真意地爱慕着她的一切。

已是高龄的杨绛与钱锺书，将大部分时间用于读书，每天钱锺书还会教杨绛写大字，像老师对小学生那样布置作业，作业完成后他还会加以批改，优点及缺点都标得很清楚。杨绛对他的评语高度重视，若是说她写得好，她就会很开心。钱锺书知道她是如此，便有意挑不好的地方标注，好地方则少提。

两个老人，同年轻时一样，知晓彼此的心意，扶持着度过余生。

若是不看书写字，两个人便出去散步，曾经的“探险”活动仍在继续，只不过碍于年事已高，无法像从前那样走出很远，每次走二十多分钟就已经气喘吁吁了。

老两口结伴一起锻炼，一起读书，一起吃饭睡觉，能够一起做的事，他们都是一起去做，从不把另一个人抛下。

几十年后，我们是否也有这样一个伴侣，即便满头白发、步履蹒跚，仍伴在左右，彼此的身体与心灵皆相依在一起？

光辉岁月

杨绛有多种身份，她既是妻子、母亲，也是作家、教育家、翻译家，难能可贵的是，无论何种身份，她都表现得如此出众。

《堂吉诃德》的翻译工作前后历经二十余年，她为之付出的努力可想而知。时局动荡，她的计划被搁浅，但每当有希望出现时，她都紧握着不放手。

在编辑“外国文学名著丛书”时，西方文学界的经典之作《堂吉诃德》位列其中。早在之前，杨绛曾翻译了《吉尔·布拉斯》，编委会的林默涵先生看过后给予高度评价，所以决定将《堂吉诃德》的翻译工作交给她。

因为编委会没有规定翻译版本，杨绛便反复比较了许多版本，最后决定以西班牙原版为基础，并选定了西班牙皇家学院院士马林编著的版本，这也是最权威的。为了做到尽善尽美，自 1959 年起，杨绛开始自学西班牙文。留学英法时，杨绛与钱锺书早已积累了丰富的外文学习经验，所以西班牙文自是难不倒杨绛的，她很快便掌握了。

正式开始翻译工作是在 1961 年，五年后，她已经完成了大部分译稿。没有料到的是，“文革”开始了，杨绛的翻译工作由此被迫中断，直到 1976 年翻译工作才彻底结束。翻译的过程曲折而艰辛，多亏有杨绛不懈努力，才得以有无上的荣光。

最令人胆战心惊的是“破四旧”的时候，被抄家是家常便饭，但凡发现与“革命”相关的东西，一律当场销毁。为了确保安全，杨绛只好销毁家中几乎所有带字的东西，就连家人来往的信件也没能留住，至于有关创作学习的笔记等资料，也同样忍痛销毁了。但是，对《堂吉诃德》的翻译稿无论如何也下不去手，但翻译稿一经发现，会被认定为“黑稿子”，这个罪名可不小。

两年多的时间里，她潜心于《堂吉诃德》的翻译工作，为此不知付出了多少心血，她不舍得就这样放弃。冥思苦想后，她用牛皮纸将稿子包裹起来，再用绳子捆得结结实实，准备找个最稳妥的地方藏起来。她来到办公室，想着交给比较友善的组秘书保管，但组秘书没有明确表态，毕竟稿子留在身边的话会有危险，这个忙的确让他左右为难。杨绛不愿勉强他，便又找到了另一个人，但这个人将《堂吉诃德》判定为“黑稿子”，直接拿走了，这让杨绛始料未及。

如此一来，杨绛少不了接受一次又一次的“教育”，组织要求她去除“黑思想”，她向组织提出申请，想把稿子要回来，也好让她对照着自己的“黑稿子”来纠正自己的“黑思想”，组织的答复是，找不到了。没有办法，她只能自己慢慢搜索，后来被安排打扫女厕所时，她便时刻留意自己的稿子，借着工作的机会，在房间里找了很多次，始终没能发现稿子的踪迹。

搜索工作继续进行中，直到有一天，她去打扫一个偏僻的储藏室时，竟然在废纸堆里看见了自己的稿子。她将稿子抱在怀里，简直就像亲人失散后再次团聚的场景。为了万无一失，她决定将它带走，如果留它在这里，不知道哪一天就又消失了。她的计划是先把它放到女厕所中，然后找个合适的时机带出去。她还未实施，就被人发现了。

她原本躲过了看着她的老干部，没想到没躲过旁人，那个人大声问道："杨季康，你要干什么？"杨绛也大声答道："这是我的稿子！"这时老干部也发现了她的举动，温和地说："是你的稿子，可是现在你不能拿走，将来到了时候，会还给你。"刚刚才经历了失而复得的喜悦，她哪里舍得将稿子交出去，但这由不得她，只好又交了回去。不过，老干部答应她，稿子可以暂时放在这里。这已经是不错的条件了，杨绛找来找去，想着找一个最保险的地方，看来看去，最后把稿子放在了柜子顶上，随后才恋恋不舍地离开。

一段时间后，思想改造渐渐淡去，杨绛联系到组秘书，打算请他帮忙找找她的稿子。所幸，他第二天就给杨绛把稿子带回来了。见到自己的稿子，她一下子就抱在了怀里，再也不愿和它分开了。后来，又经历了下干校时期，杨绛返回北京后才又接着翻译，不过这时的杨绛对之前的翻译并不满意，决定再力求完美一些。

直到 1987 年，《堂吉诃德》终于出版了，在当时，它的出现犹如石破天惊一般，先后被列入"外国文学名著丛书""世界文库""名著名译""中学生课外文学名著必读"等，前后印刷达到七十余万册。杨绛做学问向来一丝不苟，她说："我翻译的时候，很少逐字逐句地翻，一般都要将几个甚至整段文句子拆散，然后根据原文的精神，按照汉语的习惯重新加以组织。"在她心中，翻译绝非两种不同语言简单转化，而是力求用精美的汉语文学方式加以表达，她将原文和译文读者看作是两个"主子"，而她是他们的"仆人"。

她每天只翻译五百字左右，同钱锺书创作《围城》时一样，不求速度快，但求高质量。她每次反复斟酌，都是为了追求信、达、雅的境界。正是杨绛如此严苛地要求自己，七十余万字的稿子才得以有如此高的品质。

杨绛翻译的《堂吉诃德》出版之后，得到了西班牙的重视，驻华大使前后向她发出了三次邀请，诚恳地邀请她出访西班牙，但她连着拒绝了两次，直到第三次，实在是盛情难却，只好应了下来。随中国社科院代表团出访西班牙时，杨绛仍留心于此书的翻译工作，之前曾遇到的一些问题，她正好趁着此次访问一一解决。

杨绛受邀参加塞万提斯逝世三百六十六周年的纪念会，并在会上发言。她说："我们中国人有句老话——'天上一日，地上一年。'就是说，天上的日子愉快，一眨眼就是一天，而人世艰苦，日子不那么好过。我们一年有三百六十五天或三百六十六天。塞万提斯离开我们人世，已三百六十六年，可是他在天上只过了三百六十六天，恰好整整一年。今天可以算是他逝世'一周年'。我们今年今日纪念他，最恰当不过。"

原本略有沉闷的会场上，爆发出热烈的掌声，在场的每一位来宾都不由得为这位东方女士喝彩。

杨绛常说："多会一门外语，好比多一把金钥匙，每把金钥匙都可以打开一座城门。城里有许多好看好玩的东西，好像一个大乐园。你们如果不懂外语，就会比别人少享受很多东西。"她和钱锺书十分注重外语学习，正如她所说，这是一把金钥匙，凭借它能享受到更多的乐趣，若是没有它，人就像是被关在门外，少了许多精彩之处。

《堂吉诃德》定稿的时候，恰好与钱锺书的《管锥编》的手稿校对工作同时完成，钱锺书提议，不如两个人互换一下题签。杨绛打趣说："我的字那么糟，你不怕吃亏吗？"钱锺书给她的回答是："留个纪念，好玩儿。"即便是她的字再糟糕，那也无妨，只要是出自她之手，对他来说，就是最珍贵的。

第十章 生命之火取暖

爱情，得来容易就会被轻视，没得到的，或者得不到的，才觉得稀罕珍贵。

命中暖意

女儿是母亲的心头肉，母亲怀胎十月，孕育着小小的生命，一朝分娩，经历人生最大的一次挑战。

看着她笑，看着她长大，当妈的清楚，有朝一日女儿会成家立业、结婚生子，会脱离父母的怀抱组建自己的家庭，有自己的孩子……

杨绛想象了种种未来，却从未想过有一天，当她白发苍苍的时候，她要面对女儿的离开，而这一次离开，是永久性的。即使杨绛不说，人人皆知她内心的悲伤。

1994年，钱锺书检查出膀胱癌，在手术过程中，又发现右肾萎缩坏死，需要一并切除。对于上了年纪的人来说，这是一场大手术，杨绛担心他能否吃得消、扛得住。手术完成后，她日夜守护在他的病床前，寸步不离。她早已不再年轻，身体也并不硬朗，熬了这么多天，护士劝她回家休息，让家里其他人过来看着，她却笑着说："锺书在哪儿，哪儿就是我的家。"

钱锺书看着她日夜操劳，满脸憔悴，让她回家换别人过来，她却不肯走，在她心里，换谁都不如她亲自照看。每每让她休息，她就说些别的事打岔，钱锺书也知道妻子的脾气，索性不再说了。当钱锺书出院时，杨绛憔悴不堪，为他倾尽了心力。阿圆知道父亲最疼爱自己，便回家住了一阵子，给他们讲些新鲜有趣的见闻，一家人说着、笑着，其乐融融。

自从这次出院，钱锺书的病反反复复，没多久他又住进了医院，而这一次一住就是四年，直到生命的最后一刻。检查结果显示膀胱上有癌细胞，紧接着做手术，手术完成后，又出现了肾功能衰竭，钱锺书经过抢救才保住了性命，最后只能靠血液透析维持生命。

病痛折磨着这位老人家，他身体越发虚弱，甚至连说话的力气也没有了，但他的头脑还很清醒，每当杨绛对他说些什么时，他便用眼神做回应。这时的他已经无法正常进食，只能靠鼻饲的方式摄取营养，杨绛便精心熬了鸡汤，混在营养液中，为他补充能量。为了让他更多地汲取营养，她做了各式各样的果泥和肉泥，鱼肉的刺、鸡肉的皮，她都会细心地处理好，至于她自己的伙食，则将就着来。

四年的时间，杨绛从未有过一刻懈怠，尽心竭力地照顾着丈夫，只求上苍能够多给他些生的时日。

钱锺书正病着，杨绛一个人忙里忙外，近乎筋疲力尽，雪上加霜的是，女儿身体也出现了问题，住进了医院。原本苦苦支撑的杨绛，如今得知女儿也病了，只觉得天塌了一般。

钱瑗的病与繁重的工作有直接关系，她先后做了北京师范大学英语系教授、中英合作项目负责人。英国《语言与文学》编委，全国高校外语专业指导委员会和北京师范大学学术委员、学位委员会的各种委员，对于名利她都不感兴趣，她只是一心钻研学问。她热爱自己的教育工作，时常备课到深夜，一大早又要赶去学校，身体毕竟不是铁打的，时间久了难免会撑不住。

其实她生病已久，只是开始的时候并未在意，后来腰疼得厉害，也没有去医院仔细诊治，由此耽误了治疗的最佳时机。疼就自己忍着，从没有跟妈妈说过，她知道妈妈照顾爸爸已经够累了，不愿再让妈妈担心，便只是说挤公交汽车闪了腰。她带病坚持工作，直到有一天疼得根本下不来床，这才去医院检查，确诊为骨结核，脊椎已经有三节发生了病变，随后又发现肺部也有问题，便住进了医院。专家会诊后，确定她已是肺癌晚期，肺部积水严重，而且癌细胞已经扩散，情况十分危急。

病来如山倒，住院之后，病情越发严重，她越来越虚弱。住院期间，躺在病床上的她仍旧看书、工作，只是病痛折磨着她，她不得不看一会儿就休息一下。她与母亲每两天会通一次电话，并将此称为“拉指头”，不能见面手拉着手，便只能靠打电话聊天解相思。病情堪忧的她只报喜不报忧，一直瞒着母亲。

然而，纸终究包不住火，杨绛得知女儿的病情后，无异于晴天霹雳，这对杨绛的打击太大了。此时的阿圆，仿佛变了一个人，不断化疗让她的头发已经掉光了，若是母亲看到她的样子，必然无比伤心，所以她不让母亲过来探望她。还在病中的钱锺书不知道实情，只是听杨绛说女儿住院了，得了骨结核，可以治好，一年左右便可以出院。

生命如此脆弱，人竟来不及好好道别。

1997 年 3 月 4 日，钱瑗离开了人世。临走前，她预感到自己的生命已走到尽头，便想着见母亲一面。当妈的看着女儿变成如此模样，心都碎了。钱瑗为了让母亲少些伤心，还强撑着说笑，可这样更让母亲痛不欲生。

阿圆曾打电话给母亲：“娘，你从前有个女儿，现在她没用了。”她不愿与父母分别，却不得不接受命运的安排，抗拒不了，逃避不了，但曾做过母亲的女儿，是这辈子最大的福气，若有来生，就再做一家人吧。

钱瑗临终前一天，杨绛握着女儿的手，温柔地说：“安心睡觉，我和爸爸都祝你睡好。”她听了母亲的话，微笑着，静静地等着最后分别的那一刻。

阿圆火化的时候，杨绛选择留在医院照顾丈夫。她实在不忍目睹女儿被火化的那一幕，会崩溃的。

女儿的最后一程，杨绛在她的遗像旁放了一只花篮，素带上写着：瑗瑗爱女安息！爸爸妈妈痛挽。寥寥数语，代表着父母的满腔悲伤。白发人送黑发人，这是何等令人断肠的情景。

钱瑗生前说骨灰不用留，但北京师范大学外语系师生恳求杨绛留下她的部分骨灰，随后葬在校园内的一棵雪松下。杨绛曾在那棵树下静静地坐了一会儿，没多久便起身离开了。

在钱瑗去世前一两个月，她在病床上写了一节《爸爸逗我玩》的文字，回忆着与父亲的那些趣事：“一九四五年父亲由内地辗转回到上海，我当时大约五岁。他天天逗我玩，我非常高兴，撒娇、‘人来疯’，变得相当讨厌。奶奶说他和我是‘老鼠哥哥同年伴’，大的也要打一顿，小的也要打一顿……爸爸不仅用墨笔在我脸上画胡子，还在肚子上画鬼脸。只不过他的拿手戏是编顺口溜，起绰号。有一天，我午睡后在大床上跳来跳去，他马上形容我的样子是：‘身是穿件火黄背心，面孔像只屁股猢狲。’我知道他把我的脸比作猴子的红屁股不是好话，就噘嘴撞头表示抗议。他立即把我又比作猪噘嘴、牛撞头、蟹吐沫、蛙凸肚。我一下子得了那么多的绰号，其实心里还是很得意的。”

曾经的快乐如此真切，如今的痛苦也如此深刻。钱瑗虚弱地躺在床上，面对生死的时候，回忆着这点点滴滴，不能再为父母尽孝，不能陪他们终老，怕是最遗憾的事情吧。

丧女之痛，痛彻心扉。十月怀胎，一朝分娩，杨绛将女儿钱瑗抚养成人，看着她从牙牙学语、蹒跚学步，到独立自主、成家立业，几十年间，在她身上倾注了一个母亲的爱与心血。

要一位母亲承担女儿去世的痛苦，真是这世间最残忍的事。

悲欢离合

自生命开始那一刻，注定会有悲欢离合。人们细数往事，似乎找不到生命不可承受的重量，哪怕是面对至亲骨肉离世，也要坚强地活下去。

阿圆去世，让杨绛悲痛欲绝，但她以最快的速度调整过来，女儿已经离开了，还有丈夫需要她去照顾。这一年，杨绛已经八十多岁了，仍来回奔波忙碌着，亲力亲为地呵护着同样年迈的丈夫。她最大的希望就是钱锺书能够熬过这一关，她已经失去了女儿，不能再失去丈夫。

钱锺书的身体一直不见好转，杨绛实在难以开口将女儿去世的事告诉他，考虑再三，决定还是先暂时不要让他知道，就当作阿圆仍在，她也照旧给钱锺书读女儿写的文章。此时的杨绛承受着巨大的痛苦，丧女之痛如暗流涌动，她也只好在丈夫面前装出一副笑脸。

四个月过去了，钱锺书的病情有所缓和，杨绛经过深思熟虑，打算向丈夫坦白实情。即使要说，也不能突然提及此事，杨绛便把实情一点点地传递给他，直到时机成熟后再彻底明说。得知女儿早已离开，钱锺书没有哭没有闹，只是点了点头。或许他早有预感，只是憋在心里罢了。

钱锺书在医院度过了自己的八十八岁生日，最遗憾的事莫过于再也不能看到女儿的笑脸，曾经那个活蹦乱跳的小丫头，如今不在了。

经过一段平稳期，1998 年底，钱锺书的病情突然恶化，他开始持续发烧。尽管成立了专家组研究治疗方案，他的病情始终难以得到有效控制。杨绛知道，或许丈夫真的时日不多了。

弥留之际，钱锺书对相濡以沫几十年的妻子说：“好好活。”即便女儿不在了，他不在了，也让她一定要好好活着！这是他最后的嘱咐，也是最后的心愿。

杨绛守在他身边，凑在他耳朵边上，用家乡话一直念叨着什么，直到他生命的尾声。他的呼吸停止了，心脏也不再跳动，这波澜壮阔的一生，在这一刻落下帷幕。杨绛在他的额头上落下了轻柔的一个吻，这辈子她只爱他，也最爱他，与他携手走过的这一生，是她最珍惜的回忆。

1998 年 12 月 19 日，钱锺书与世长辞。

关于自己的身后事，钱锺书曾嘱咐杨绛：“遗体只要两三个亲友送送，不举行任何悼念仪式，恳辞花篮花圈，不保留骨灰。”钱锺书一辈子保持低调，也决定低调地作别人生。这项重任交给妻子，他是最放心的，也唯有她能够让他安心离开。

杨绛亲自为丈夫换上他生前最中意的衣服，其中大部分是她一针一线缝出来的，钱锺书曾说这些衣服是“慈母手中线”，哪怕旧了、破了，他却始终舍不得丢弃。按照他的嘱托，只是举行了简单的告别式，他穿戴整齐，静静地躺在那里，像是睡着一样。前来凭吊的人不多，也没有大张旗鼓地布置鲜花和挽联，杨绛亲手做了一个花篮，放着勿忘我和玫瑰，寓意“不要忘记我”以及“我爱你”。

简单地凭吊之后，将他送往八宝山的火葬场，最后的最后，杨绛轻轻地掀开盖在他脸上的白布，最后一次端详他的面容，最后一次泪眼蒙眬地送他离开。

生离抑或死别，这都将是最后一次，他们下一次团聚，不知是在哪一生。

杨绛安静地站在那里，陪着他走完最后一段路，最后，将他的骨灰抛撒在附近，完成了他交代的一切。

六十三年，她这辈子的大部分时间是和他一起度过的，喜怒哀乐都有他的参与，如今他先走一步，去陪女儿了，留下她一个人默数过往的云烟，能有回忆作陪，她就不会觉得孤单。

钱锺书的葬礼办妥后，身心俱疲的杨绛一个人回到家。她谨记着丈夫的话，他让她好好活，这是他的心愿，她会好好完成。

曾经有人带着钱锺书的诗集《槐聚诗存》来到医院，恳请杨绛夫妇在书上签名，只是当时钱锺书已然无法提笔，杨绛便代他签名盖章，特意将丈夫的名字写在她的前面，说是“夫在前，妻在后”。或许正是应了这句话，由她照顾他一生，将他安安稳稳地送走后，她才安心。

原来，“让我照顾你一辈子”这句话，不是哄骗人的甜言蜜语，也不是随便说说而已，是真的有人从一而终，揣着一颗真心守护你一生一世。

有人曾登门拜访杨绛，进门后还没说话，眼泪就开始大颗大颗地往下掉。杨绛见状，赶忙安慰她，语重心长地说道：“你比钱瑗小四岁吧？傻孩子，我都挺过来了，你还这样哀伤？你不懂呀，如果我走在女儿和锺书前面，你想想，钱瑗、锺书受得了吗？所以，这并不是坏事，你往深处想想，让痛苦的担子由我来挑，这难道不是一件好事吗？”

明明该受到安慰的人是她，她却柔声细语地宽慰着别人。正因为她如此坚强，才能够在丈夫和女儿生前守护着他们，在他们身后守护着他们的家。

好好活。既然这是他所愿，她必当竭尽所能。

有枝可依

她答应他会好好活，就一定不会让他失望。她的生命已经不仅仅属于她，还属于已经离开的钱锺书和阿圆，她要带着他们的记忆活下去。

原本就很少出现在公众场合的杨绛，在钱锺书去世后，一直待在家里，心无杂念地看书、写文，有意登门拜访的人，也被她一一婉拒。

岁月催人老。上了年纪之后，杨绛难免会感到力不从心，无论是精力还是精神，都大不如年轻的时候。不过，就算动作迟缓些，反应慢一些，杨绛仍然继续工作，她要接替钱锺书的工作，帮他将生前未能整理完的稿子和笔记整理好，然后帮他出版——虽说他人已不在，但其精神与她共存。她的信念是：“得留在人世间打扫现场，尽我应尽的责任。”时间紧，任务重，她必须珍惜每一寸光阴，努力过活，努力奋斗，争取了却所有心事。

杨绛接到许多人的电话，说要出版钱锺书的稿件，但她有一个原则，就是要自己审过才可以。钱锺书不在了，杨绛则代他审稿，由此她便自称为“钱办主任”。

帮钱锺书整理手稿可不是件容易的事，他的手稿繁多，他们在动荡的年代东奔西跑，手稿早已支离破碎，杨绛就耐着性子，一点点拼凑起来，仔细粘好，整理完就装订起来，最后再从头至尾审一遍。许多字迹已经很难分辨清楚，她只好凭借对钱锺书笔迹的了解慢慢复原，尽量保证准确无误。

手稿数量庞杂，八十余岁的杨绛埋首于案前，专注于他的每一个字，从天亮忙到天黑，进度仍旧很慢，为此她常常夜不成眠，唯恐来不及完成手头的工作。她能够为他做的事不多，这便是最重要的一项。

最终，经过她整理，钱锺书的外文笔记有三万四千页，中文笔记三万多页，“日札”两千多页。每一页内容都凝聚着钱锺书的心血，同样，也是杨绛的心血。外文笔记中包括英文、法文、德文、意大利文、西班牙文、拉丁文等多国文字，详细记录了钱锺书读到一本书第几页第几行的想法；中文笔记则夹杂着日记的内容，每天所发生的事情，当天读过的书，此时此刻的所思所想；“日札”是读书心得，所读书籍涉及古今中外，可见他的阅读范围之广。

在杨绛的努力下，《钱锺书手稿集》终于得以出版，杨绛还亲自为这本书题写了书名，这也是她与钱锺书的约定。为了最大限度地还原手稿内容，出版社也竭尽全力，前后两年中，耗资三百万元，最终完成了出版。钱是有价的，钱锺书的手稿却是无价的，这已不单单是他个人的学习成果，还是人类的文化遗产。

《钱锺书手稿集》中，收录了钱锺书的全部著述，对《塞上》《柳枝词》《对雪》《寒食》和《村行》等宋诗做了全面翔实的注释，全书以繁体横排的形式呈现内容，为了不让钱锺书失望，杨绛同样尽心尽力。

杨绛说："钱锺书六十年前曾对我说他志气不大，但愿竭毕生精力，做做学问。六十年来，他就写了几本书。本集收集了他的主要作品。凭他自己说的'志气不大',《钱锺书手稿集》只能是菲薄的贡献。我希望他毕生的虚心和努力，能得到尊重。"

他无法感知身后的世界，但有杨绛在，她就不会轻易丢弃他的思想结晶。他曾经付出的心血，如今都会由她一一帮他流传于世。

穷其一生专心做学问是主要旋律，杨绛夫妇不骄不躁，一心只读圣贤书。他们所追求的生活，是平静的，也是单纯的。正是因为有一颗通透的心，不为繁华蒙蔽了双眼，不被苦难扭曲了心灵，他们才得以守住内心的一方净土，安安静静地读书，安安稳稳地生活。

杨绛谈到一位外国作家时说："沃尔波尔有一句常被引用的名言，'这个世界凭理智来领会，是个喜剧；凭感情来领会，是个悲剧'，奥斯丁是凭理智来领会，把这个世界看成喜剧。"杨绛既有理性的一面，也有感性的一面，很难说到底哪一方居于主导地位，但就人生态度而言，她也同奥斯丁一样，以喜剧的眼光看待世界，看待所遭遇的一切。

一位外国诗人曾有一句诗："我和谁都不争，和谁争我都不屑；我爱大自然，其次就是艺术；我双手烤着生命之火取暖；火萎了，我也准备走了！"杨绛对此深表赞同，这也可以说是她的心声。

杨绛曾写过一篇名为"隐身衣"的文章，说起他们夫妇有时候说笑，便问"给你一件仙家法宝，你要什么？"，他们都要"隐身衣"，"各披一件，同处遨游。我们只求摆脱羁束，到处阅历，并不想为非作歹。"他们之所求，不关乎名利荣辱，只是一场心灵的旅途，在于内心世界的充实与完整。

她说：“我爱读东坡‘万人如海一身藏’之句，也企慕庄子所谓‘陆沉’……消失于众人之中，如水珠包孕于海水之内，如细小的野花隐藏在草丛里，不求‘勿忘我’，不求‘赛牡丹’，安闲舒适，得其所哉。一个人不想攀高就不怕下跌，也不用倾轧排挤，可以保其天真，成其自然，潜心一志完成自己能做的事。”

这就是杨绛，这也是钱锺书，两个志趣相投的人，果然更容易快乐地相伴一生。杨绛作为一家三口之中唯一留下来的人，只愿遵从他的嘱咐，好好活，将还未完成的事一一完成，至于其他喧嚣热闹，她不屑于去做。

温柔目送

在钱锺书离开后，杨绛决定，将他们所得的版税全部捐赠给母校——清华大学，设立“好读书”奖励基金。读书是她和丈夫共同的志趣，她希望能用这种方式鼓励年轻人多多读书。

平日轻易不出门的杨绛，出现在“好读书”奖学金的捐赠仪式上，将所得的版税捐赠给清华大学，一位学者倾其所有，只为一个读书梦。

到了发言环节，主持人请她坐着说，她却坚持：“我个子小，要站起来说。”她年事已高，仍神采奕奕，站起来说道：“这次是我一个人代表三个人说话，代表我自己、已经故去的钱锺书和女儿钱瑗……在一九九五年钱锺书病重时，我们一家三口共同商定用全部稿费及版税在清华大学设立一个奖学金，名字就叫‘好读书’，而不用个人名字；奖学金的宗旨是扶助贫困学生，让那些好读书且能好好读书的贫寒子弟，能够顺利完成学业。”

这笔钱对于清贫的学者而言，已算得上是巨款，向来生活节俭的杨绛，对这笔款项的态度确实怕麻烦，她说：“收到几十万元稿费得跑银行，还要去税务局交税，麻烦，著作权拿在手里更是烦心事，有时难得认真起来还要跟人打官司，不如交给学校管理。”与其在上面耽误时间，不如全权交给学校，腾出来的时间，她好看更多的书，做更多的工作。钱锺书让她好好活，断然不希望她将时间耗费在与金钱打交道上面。

这是他们一家三口共同的心愿，此时此刻，她不单单是杨绛，还是钱锺书，还是钱瑗。他们并没有走远，只是以不同于寻常的方式继续陪伴着杨绛。纵观她这一生，“我”只是小部分，“我们”才是最主要的部分。

清华大学向杨绛颁发了书有“功存教育，义声长孚”的证书，以此肯定她对清华大学的卓越贡献。这位九旬老人值得拥有这份荣誉，这也是同属于丈夫、女儿的荣光。

钱财对杨绛而言，皆是身外之物，有或者没有，对她的生活并不会产生任何影响，她过着朴实简单的生活，用几样实用的家具，剩下的便是成堆的书籍，阅历和学识才是她的财富。

淡泊名利，宁静致远。在这个浮躁的世界上，杨绛就是“隐世”的智者，在自己的桃花源中自娱自乐。

早在钱锺书与阿圆住院期间，有朋友建议杨绛将一家人的故事写下来，这个提议虽好，但那时的杨绛实在分身乏术，有心写却无力写，只好作罢。虚弱的阿圆知道后，准备由她来写，名字就叫“我们仨”。阿圆的脊椎癌已到晚期，病情十分严重，她只能仰卧在床上，拜托阿姨举着纸，一个字接着一个字地慢慢写。化疗的缘故，阿圆已经无法进食，浑身乏力，但她仍强忍着剧痛，回忆着与爸爸妈妈的美好时光。

杨绛来看她时，望着女儿撑着饱受折磨的身体，艰难地进行着写作，便让她先养病，以后再写。阿圆的身体已到了极限，无奈之下只好停笔，几天后，她就去世了。忍着丧女之痛，杨绛继续照顾卧病在床的丈夫，接着又遭受了丧夫之痛。至亲相继离开，无疑是一把利器，狠狠插进了杨绛的心窝。

当时《我们仨》的大纲已经列好了，奈何阿圆没能坚持到最后。为了完成阿圆的遗愿，杨绛决定继续写下去，由她执笔，记录下他们三个人的曾经。回忆正在慢慢流逝，已无法记得全部，但杨绛说："要写一个女儿来陪着自己。"

九十二岁时，杨绛写就了《我们仨》，依旧是朴素无华的文字，将一家三口几十年来的亲人情分娓娓道来。

在描绘他们的故事前，先是一个并不轻松的梦境，梦中的阿圆叫了声"娘"，然后就消失了。杨绛写道："我使的劲太大，满腔热泪把胸口挣裂了。只听得'啪嚓'一声，地下石片上掉落下一堆血肉模糊的东西。迎面的寒风，直往我胸口的窟窿里灌。我痛不可忍，忙蹲下把那血肉模糊的东西揉成一团往胸口里塞；幸亏血很多，把滓杂污物都洗干净了。"这或许是她写过的最血腥的文字，这也表达了一个母亲失去女儿的痛苦。

梦醒了，阿圆却也是真真切切地不在了。杨绛的胸口没有出现窟窿，但这疼痛是一模一样的，只是表面稍显平静罢了。

在《我们仨》中，关于他们三个人的关系，杨绛有这样一番描述："我们仨，却不止三人。每个人摇身一变，可变成好几个人。例如，阿瑗小时才五六岁的时候，我三姐就说：'你们一家呀，圆圆头最大，锺书最小。'我的姐姐妹妹都认为三姐说得对。阿瑗长大了，会照顾我，像姐姐；会陪我，像妹妹；会管我，像妈妈。阿瑗常说：'我和爸爸最"哥们儿"，我们是妈妈的两个顽童，爸爸还不配做我的哥哥，只配做弟弟。'我又变为最大的。锺书是我们的老师。我和阿瑗都是好学生，虽然近在咫尺，我们如有问题，问一声就能解决，可是我们决不打扰他，我们都勤查字典，到无法自己解决才发问。他可高大了。但是他穿衣吃饭，都需我们母女把他当孩子般照顾，他又很弱小。”

有人问她：在这个家里，谁是主导人呢？大多人猜测是杨绛，因为钱锺书总需要她来照顾。但杨绛说：“不对，不对！我们家的三个人就像万花筒中的三面镜子，你中有我，我中有你。”

就是这样相亲相爱的三个人，终究也要面对生老病死。经历过一场又一场的生离死别后，杨绛说：“我清醒地看到以前当作‘我们家’的寓所，只是旅途上的客栈而已。家在哪里，我不知道。我还在寻觅归途。”

有钱锺书和钱瑗的地方，才是真正的家，所以她说：“我心静如水，我该平和地迎接每一天，过好每一天，准备回家。”她不畏惧死亡，相反，或许还带着某些期待，有丈夫和女儿的那个世界，必然会温暖如春。

杨绛说：“我们仨都没有虚度此生，因为是我们仨。”终其一生，他们爱着彼此，呵护着彼此，为彼此坚强着，无论外面的世界如何动荡，都摧不垮他们的精神家园。

出版社的编辑最初的设想是将《我们仨》制成图文形式，但当编辑读过每一个字后，决定推翻以前的构思，重新设计，将照片放在最前面，随后紧跟着文字。

杨绛以温暖的笔触，叙述了他们三个人此生的情缘，对她个人而言，无疑是拥着回忆取暖，再与丈夫和女儿重新走过这一生；对于读者而言，我们在其身后，随着她的脚步，去领略他们看过的风景，走他们走过的路，感知他们三个人的浓浓情意。

这是一场盛大的体验，我们随着他们悲而悲、喜而喜。生命有结束之时，文字也有完结之时，可我们触碰到心底的感动情绪，却久久挥散不去。

静心等待

杨绛把走到生命的尽头称作“回家”，阅遍人世沧桑，经历过跌宕起伏，送走了丈夫和女儿，似乎再也没什么事可以扰乱她内心的平静。

她是世间这个家的最后守护者，终归有一天，也会与尘世作别，可她不怕也无悔，在另一个地方，有钱锺书和阿圆，那也是她的家。

2005 年新春之际，杨绛发起了高烧，经过医院治疗，两天便好了起来。在医院的病床上，她构思《走到人生边上——自问自答》这本书，从医院回到家，她便提笔开始将脑海中的事落在纸上。两年半的时间，九十六岁的杨绛将对人生的思考一一写进了这本书中。

钱锺书生前曾感叹：“人生据说是一部大书，这书真大！一时不易看完，就是写过的边上也留下好多空白。人走到人生边上，直视生死的大问题。人在世间走一遭，总会走到这一天，有的人浑浑噩噩走完，有的人思考我为什么来？我怎么证明我来过？”

人该如何证明自己曾来过呢？或许将故事化作文字是一个不错的选择。

谁也不敢妄言自己参透了生与死，杨绛曾说：“人生四苦：‘生老病死’。老、病、死，姐姐都算懂一点儿了，可是‘生’有什么可怕呢？这个问题可大了，我曾请教了哲学家、佛学家。众说不一，我至今该说我还没懂呢。”

在《走到人生边上——自问自答》一书中，杨绛将自己对命运、人生、生死、灵与肉、鬼与神等问题的思考做了详细阐述。其中有一句话，“过去的悲欢、希望、忧伤，恍如一梦，都成过去了”。读罢，令人回味许久，看似平淡的一句话，却不知包含着多少人生的奥义。

洋洋洒洒四万余字，能够真正读懂的人，怕是并不多。

杨绛始终坚持创作，但凡身体无碍就会坐下来写一写，若是身体不允许她提笔，她就好生休养，静静思考。那个家依旧是原来的样子，她在那里平淡又充实地生活着，不浪费一分一秒，做着自己爱做的事。

这是一位慈爱的老人，有着一颗仁爱之心。她的版税及稿酬都已经捐赠给了清华大学，所以她只能靠退休金维持生活，虽说不多，但他人有难时，她却总是慷慨相助。人们常说善有善报，恶有恶报。只行善举不问回报的杨绛，定是积攒下不少福报。

阿圆和钱锺书相继离开的那段日子，是杨绛最受煎熬的时候，心里的痛摧残着她的身体，杨绛走起路来颤巍巍的，甚至只能扶着墙慢慢挪着步子。再难过，她都很少当着外人的面失声痛哭，人们看见的永远是那个淡定从容的杨绛，只是夜晚来袭时，她只能靠安眠药获取睡眠。在杨绛还接受拜访的时候，前来的宾客需要提前跟保姆约好时间，而且不能太早，虽说上了年纪，但杨绛仍注重自己的仪表。衣服虽是旧的，但胜在整洁，样貌虽不似从前青春靓丽，却有着一种独特的美，这是杨绛经过岁月沉淀而成的气度芳华。

在她独处的日子里，外面的世界再热闹，她都很少去关心，她在意的是自己的生活。年轻时不喜喧嚣嘈杂，到了老年，她更不愿再去繁杂的世界中搅扰自己的清净。

当她的百岁寿诞到来之际，钱锺书的堂弟钱锺鲁曾打电话问她百岁大寿想怎么办，杨绛回答说：“各自在家为我吃上一碗寿面即可。”简单亦是杨绛的人生态度，删繁就简，贵在认真。

杨绛把三里河的家称作“人间的客栈”，她不过是此处的过客，她的身心只是暂时寄住在这里，至于悲欢离合、爱恨情仇，也终将成为过眼云烟。她的内心早已波澜不惊，无可撼动，对于这样一位老人，任何人都不忍心再去叨扰她的宁静，对她最好的爱护就是还她清净。

这座三层小楼已经很破旧了，政府要出资给她重新装修一下房子，但被她拒绝了，她的理由是：“虽说是国家的钱，到底是老百姓的，所以不要破费。”操劳了一生，奋斗了一生，吃过苦、受过累，杨绛还惦念着国家和人民。从始至终，她秉持随遇而安的处世态度，无论是下乡还是下干校，都是如此淡然。

家里的一切物品都是旧的，上面都留着钱锺书和阿圆用过的痕迹，这也算杨绛的一个念想吧。客厅的墙上，依旧是那幅三个人的照片，三个人靠在一起紧紧相依，他们的笑脸没有变，对彼此的爱也没有变，一切都是最初的样子。

杨绛已是百岁老人，身体还很硬朗，每天必做的事情就是读书。她生活作息很规律，睡得比较晚，醒得却比较早，大概是上了岁数睡眠时间大大缩短了。她很少出门，但坚持在家锻炼，每天给自己规定走七千步，身上带着七支铅笔，每走一千步就用一支铅笔做标记。她很在意饮食，平时吃得都很清淡，但喜欢用大棒骨熬汤，然后用汤再煮木耳。曾经和钱锺书一起学会的大雁功，至今她还在坚持做，她的生活与以往没有区别。

如今的杨绛，只是一位普通的老人，力求过普通的生活。毕竟已是百余岁了，听力和视力都有所下降，为了维持安静的状态，她已经闭门谢客，不再接受拜访。有时会有人打电话来询问她的近况，稍聊几句，然后她说自己胳膊有些发酸，任谁听到这番话都会不忍再多打扰。

他人虽是出于关心，但有时让她一个人独享清净，或许才是最好的关心方式。

她常说“钱先生和阿圆都走了，我的路也走完了”。说者淡定从容，听者却久久不能平静。她越是说得漫不经心，却越让人忍不住疼惜这位老人，不过转念一想，只有心灵安稳的人，才能如此平静吧。

世间留她一日，她便认真生活一日，绝不辜负光阴。

一切本就早有定数，2016 年 5 月 25 日凌晨，她永远地睡着了，享年 105 岁。她不慌不忙地走向下一个出口，奔赴有丈夫和女儿在的新家，继续他们的快乐。

杨绛先生生前留有遗言，火化后再发讣告。她不希望自己成为新闻，不愿被喧嚣叨扰，她一生如此，死后亦然。

“世界是自己的，与他人无关。”她如是说。

杨绛先生，走好。爱她的人如是说。